TUBBY TOTES

Adult Coloring Book

BY

PATRICIA BURKE

Cover Art Digitally Colored by patty

ISBN: 978-1-951576-10-3

My Team

aka

~Colorista Coloring Group~

Brenda Hanson

Cari McBroom Jimenez

Deb Carol

Debbie Cummings

Dee Dee Boseman

Jean Mellinger

Kathy Mooney

Lis Skinner

Lisa Goodwin Haley

Vicki Ardito

Vickie Rowe Grimes

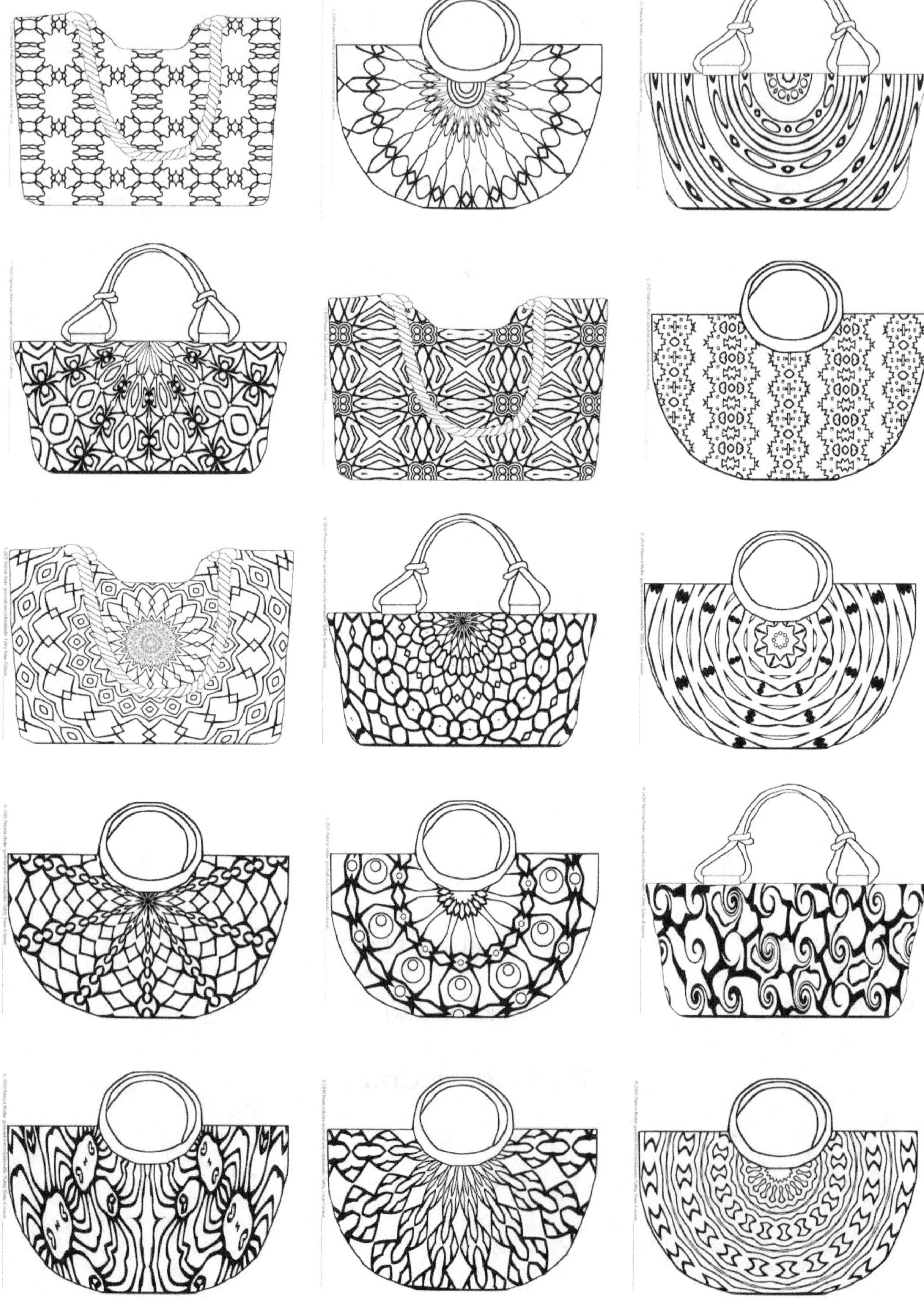

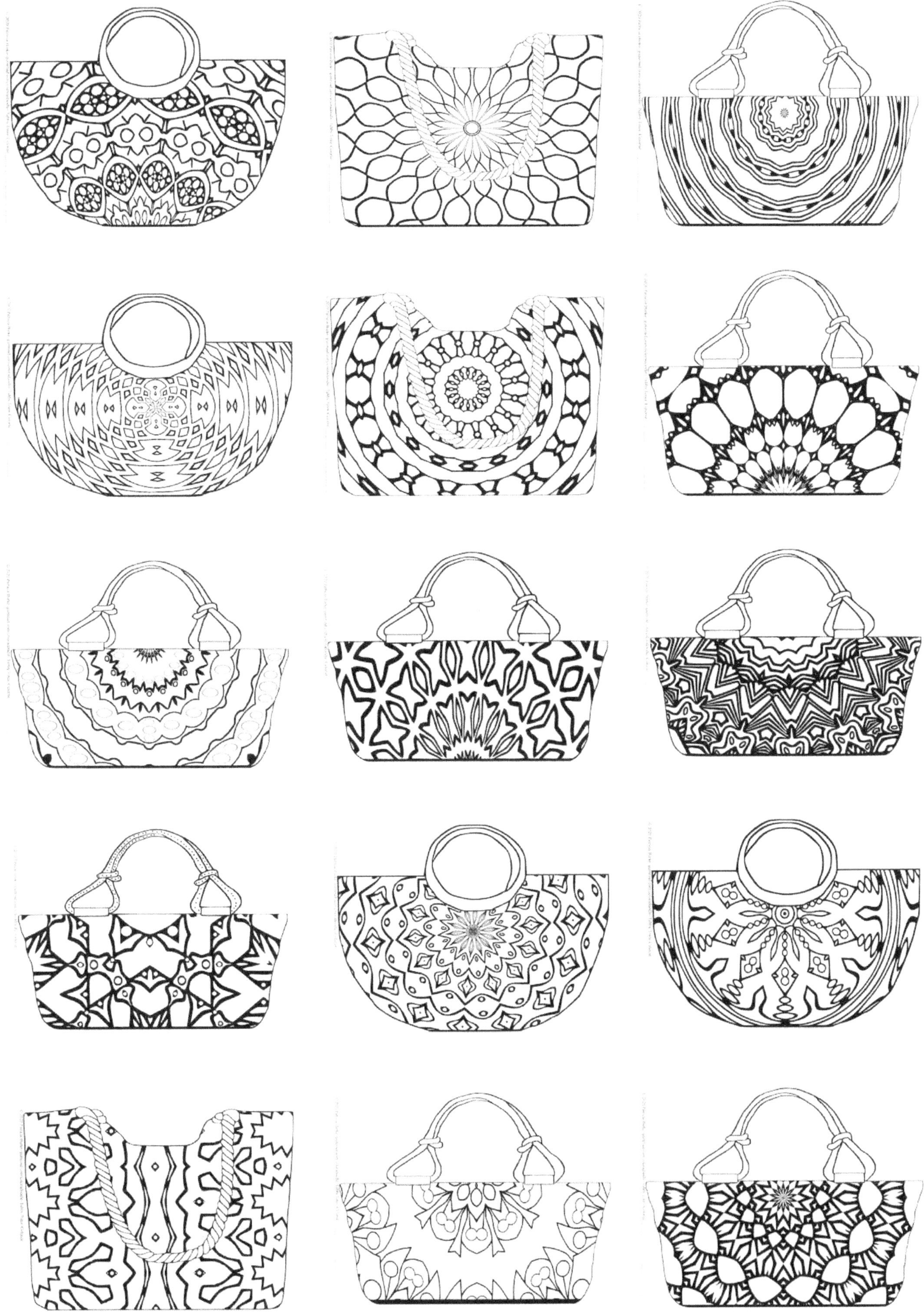

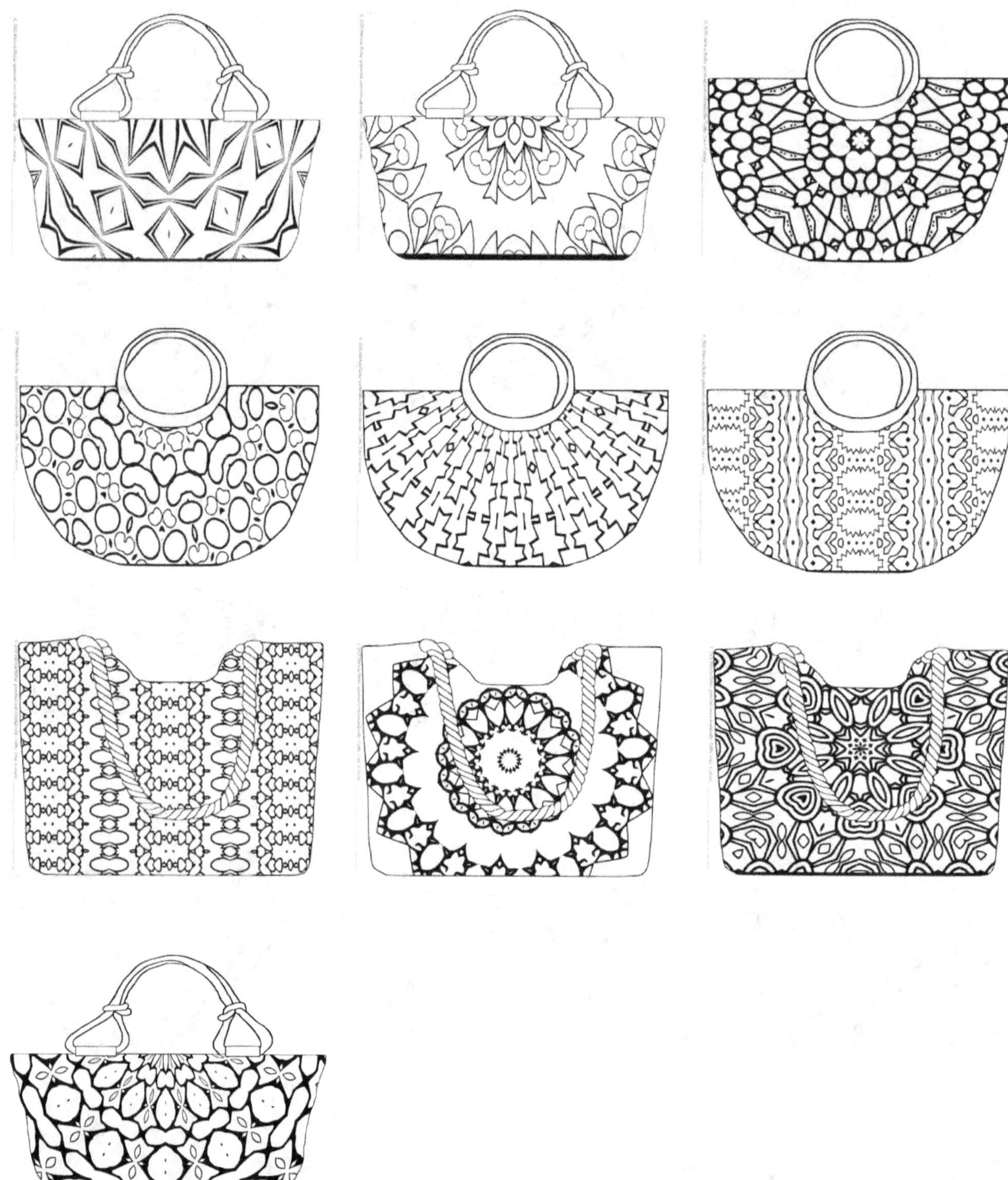

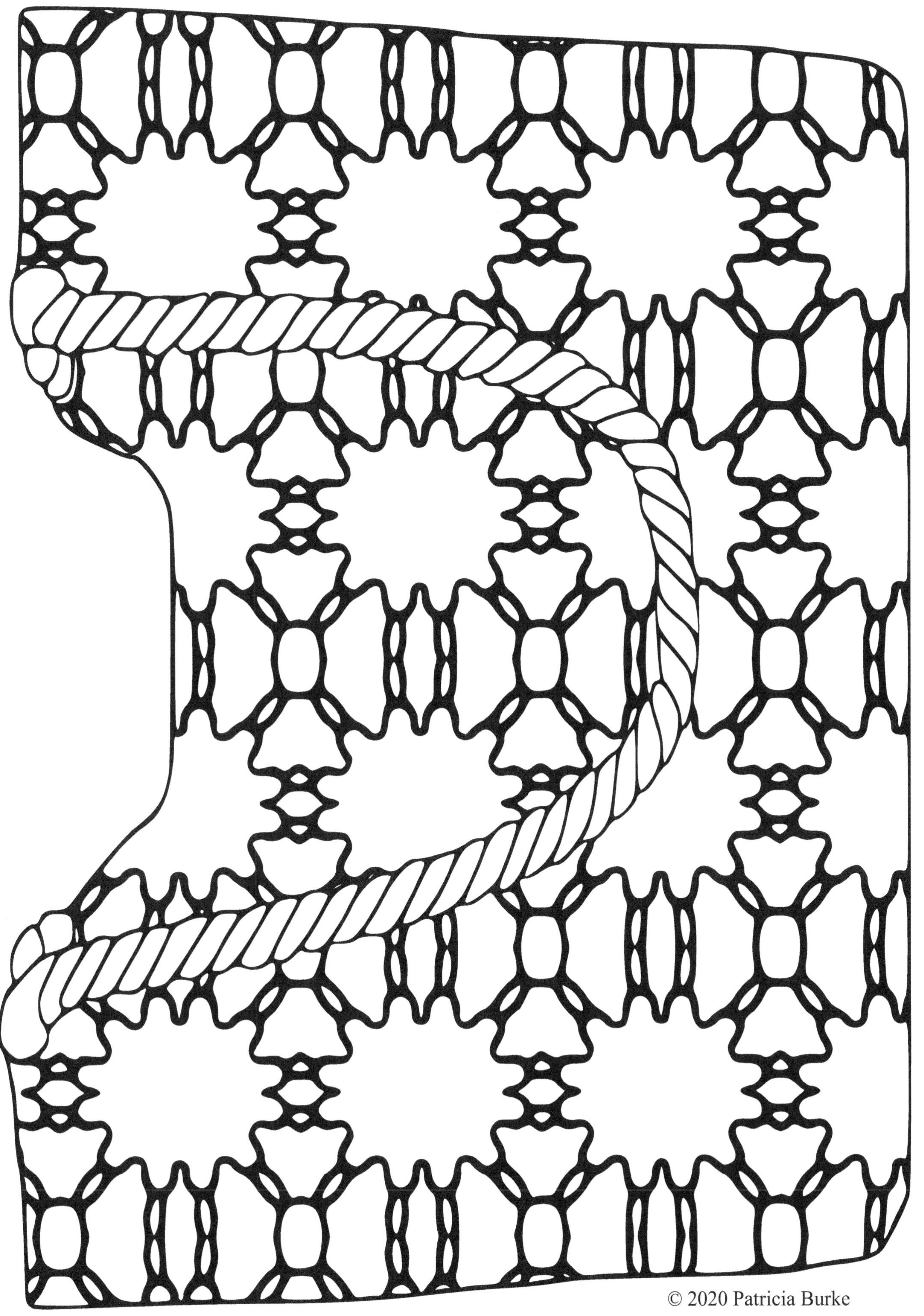

© 2020 Patricia Burke

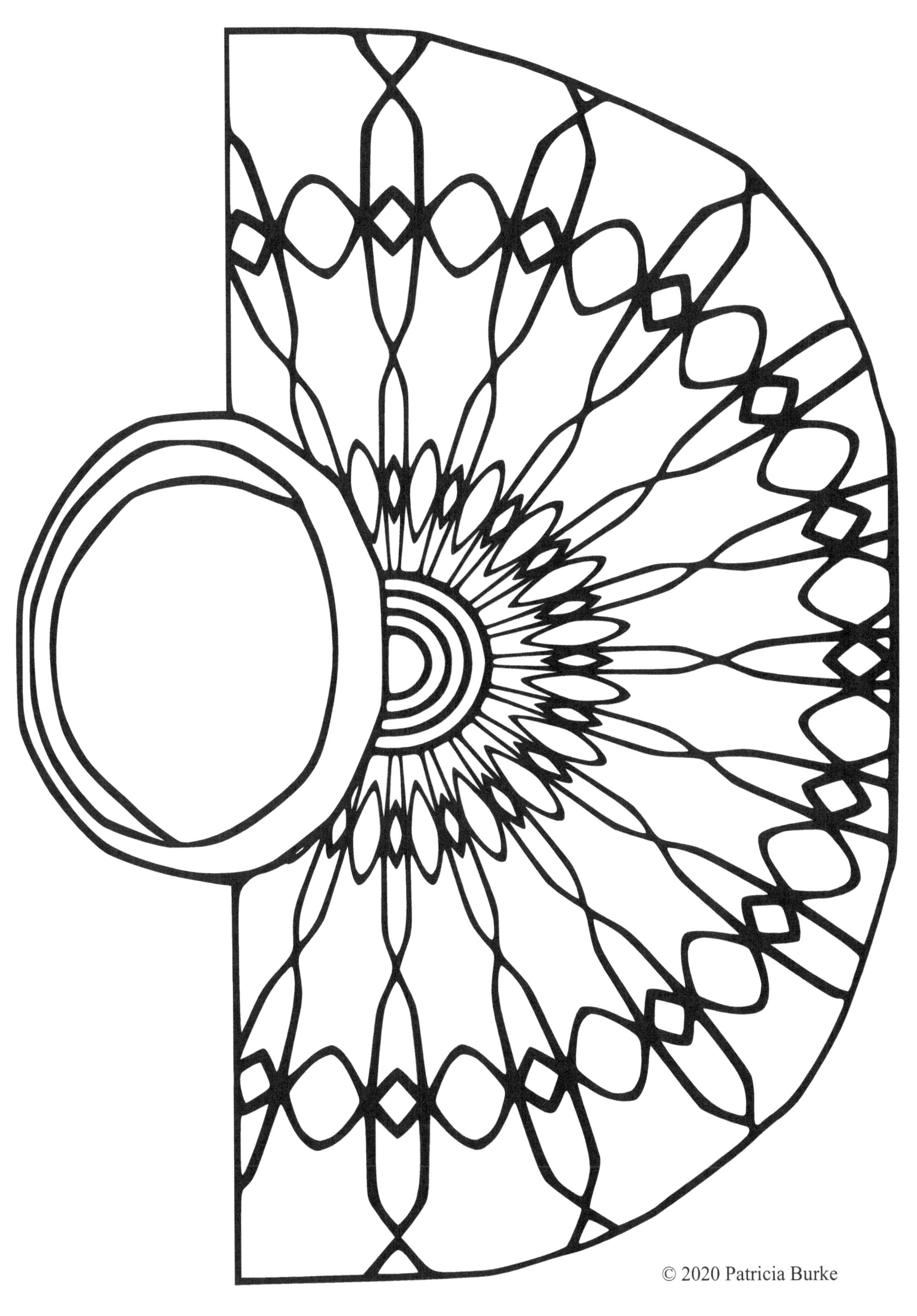

© 2020 Patricia Burke

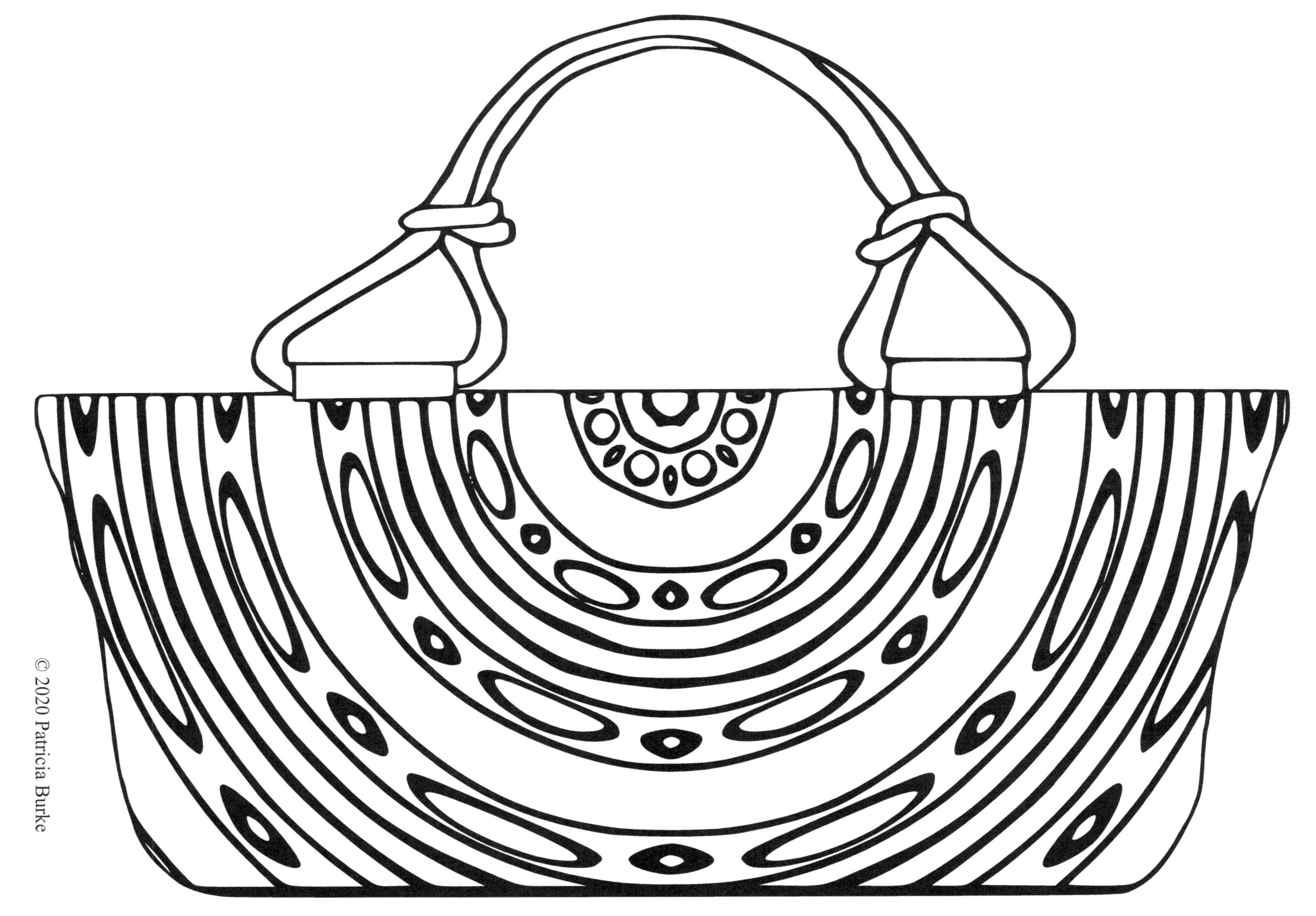

© 2020 Patricia Burke

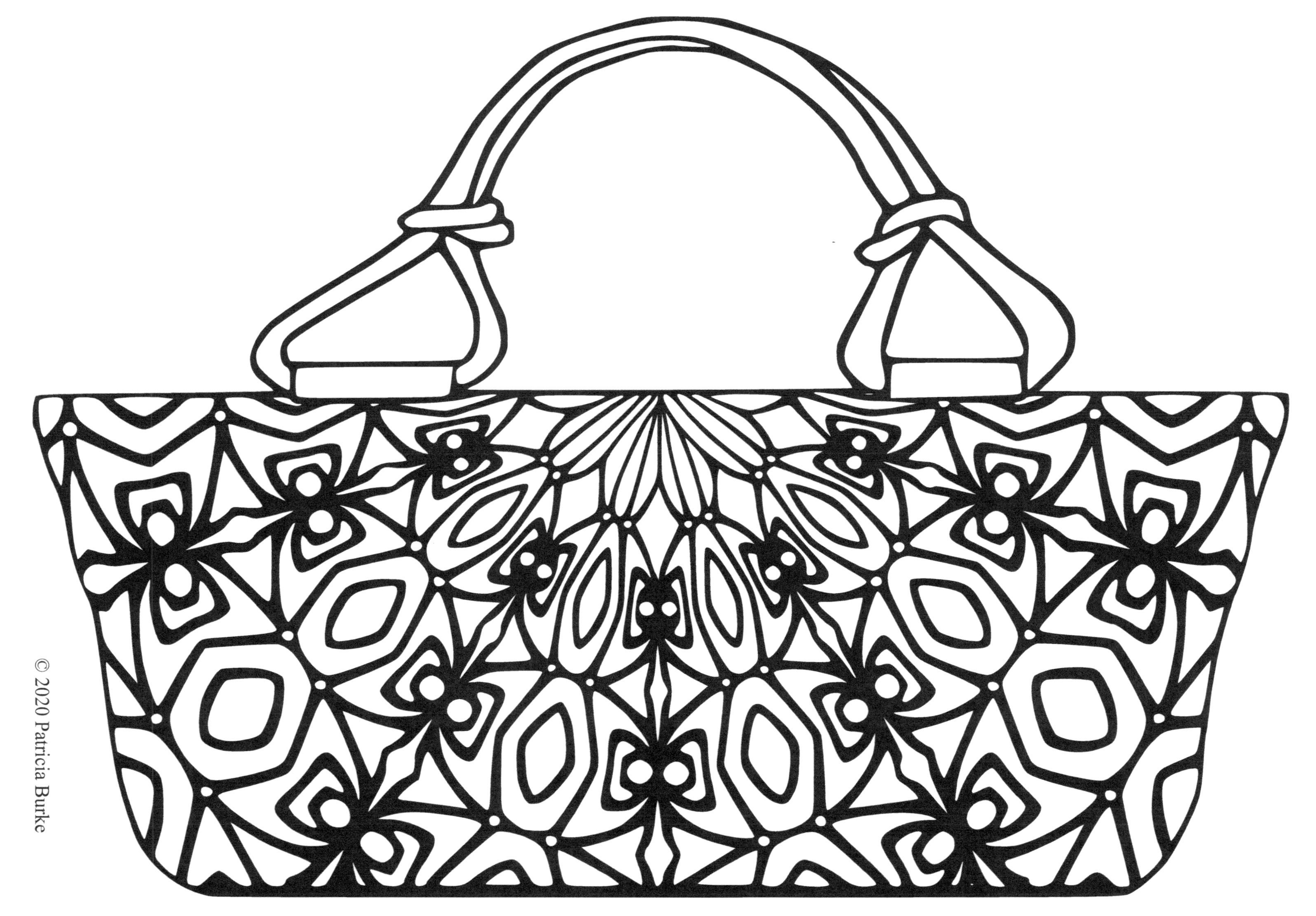

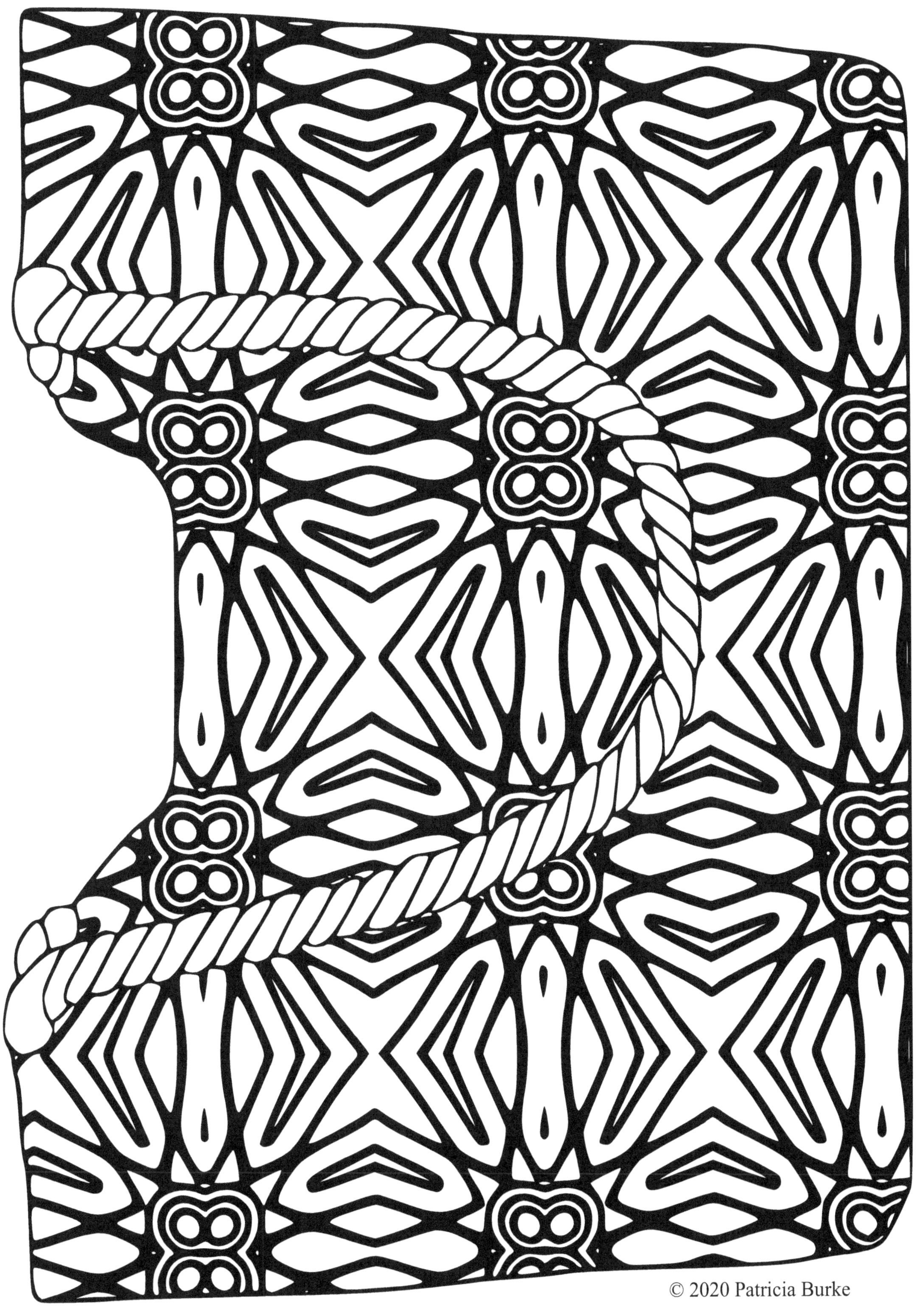

© 2020 Patricia Burke

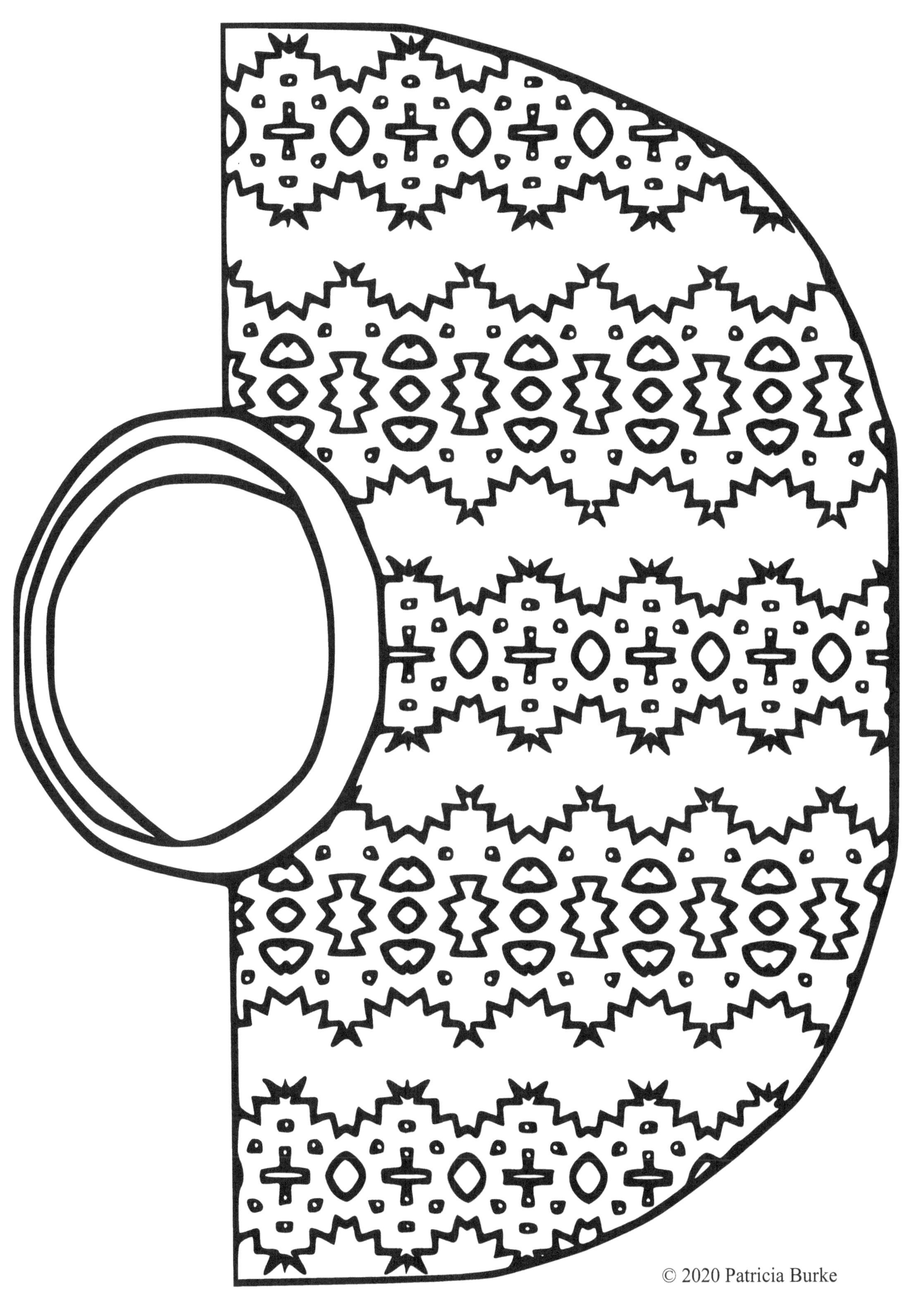

© 2020 Patricia Burke

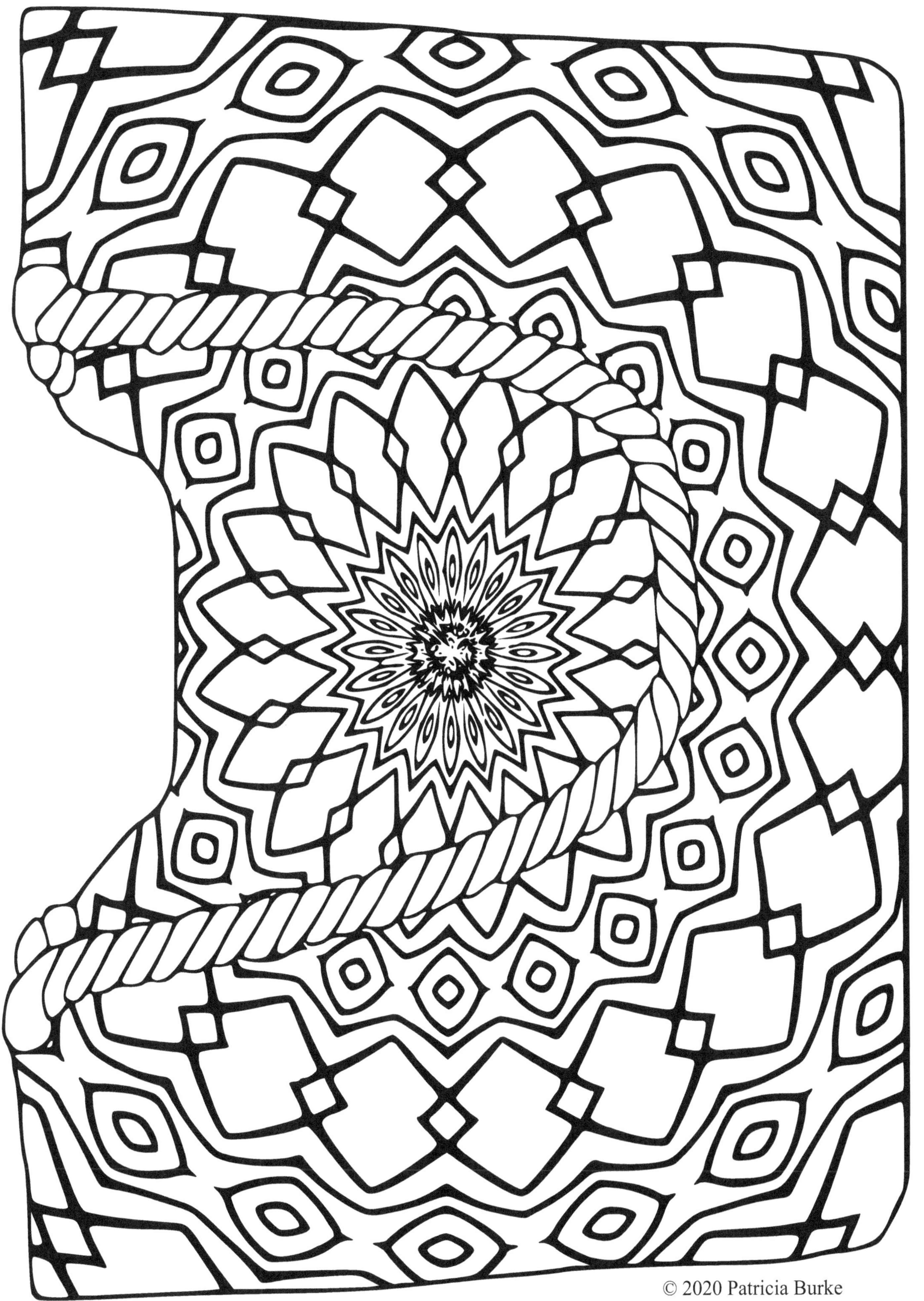

© 2020 Patricia Burke

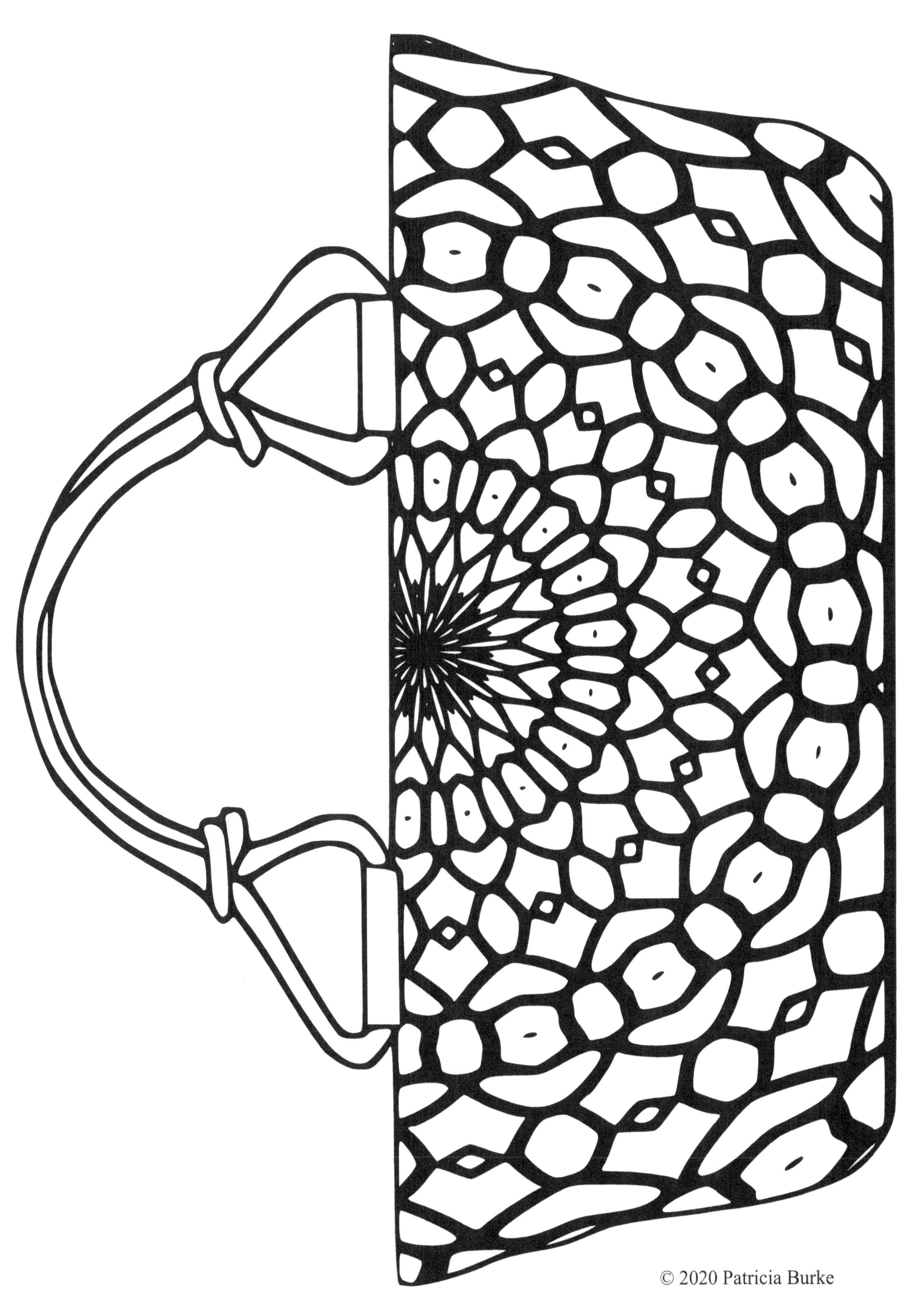

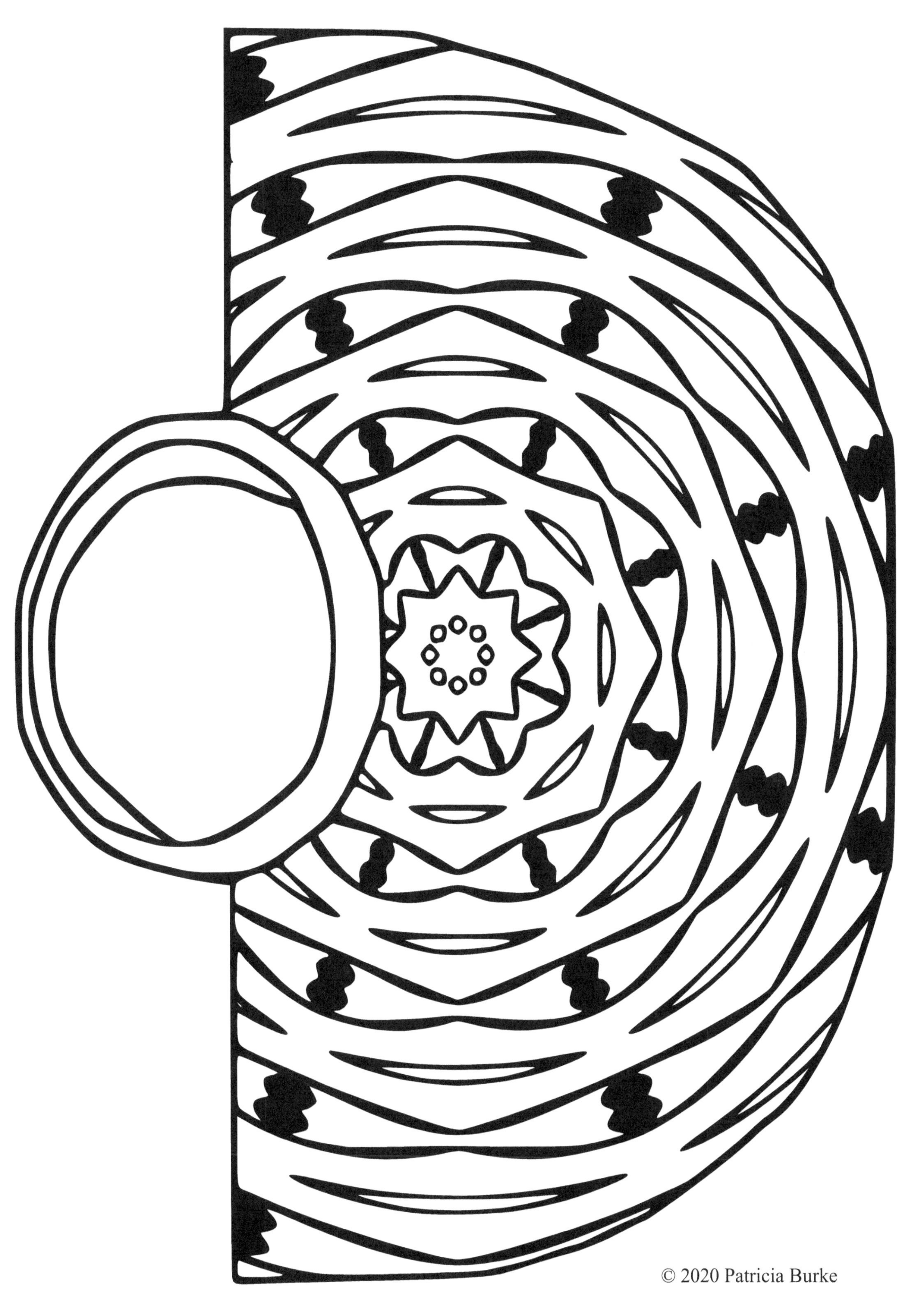

© 2020 Patricia Burke

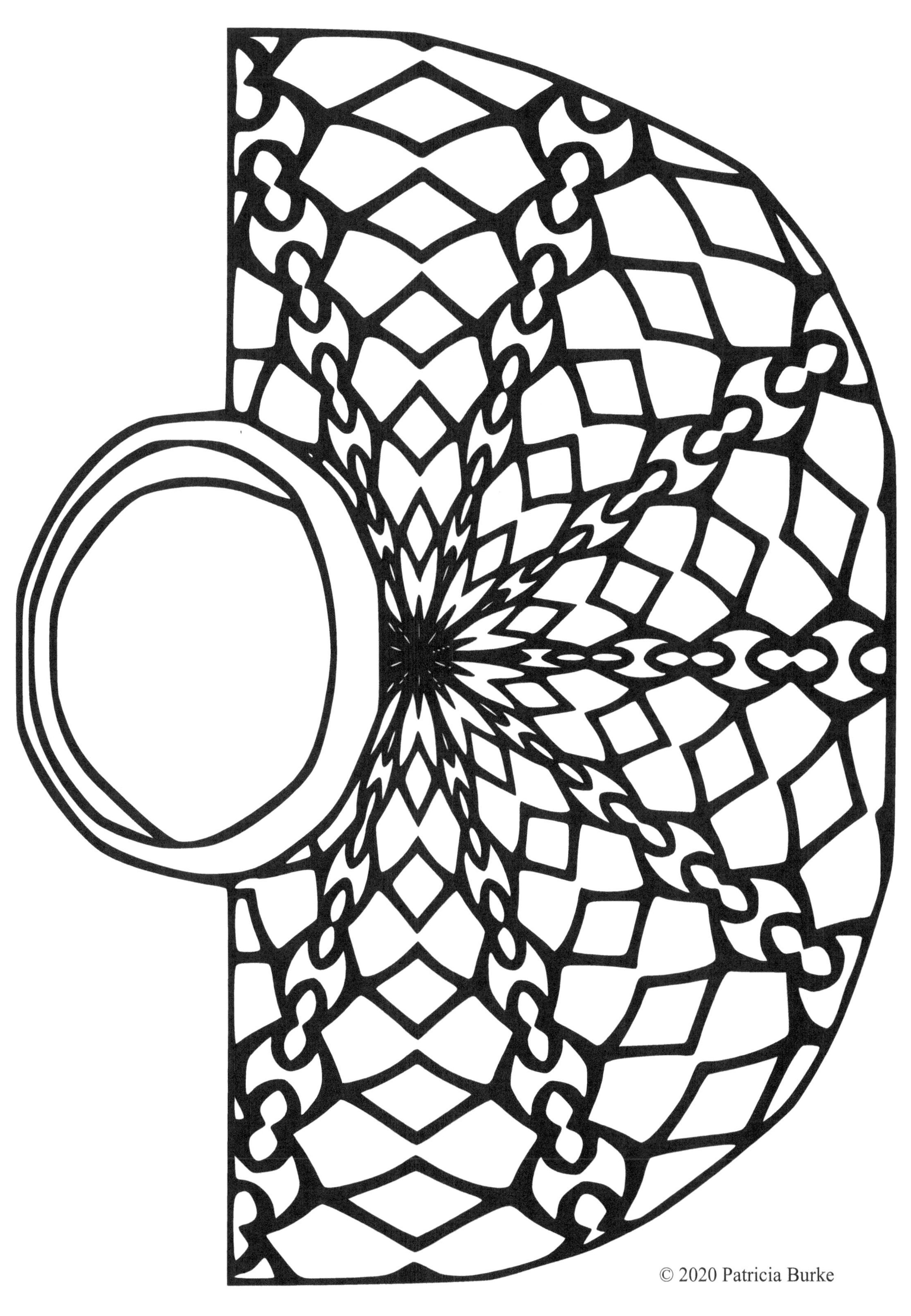

© 2020 Patricia Burke

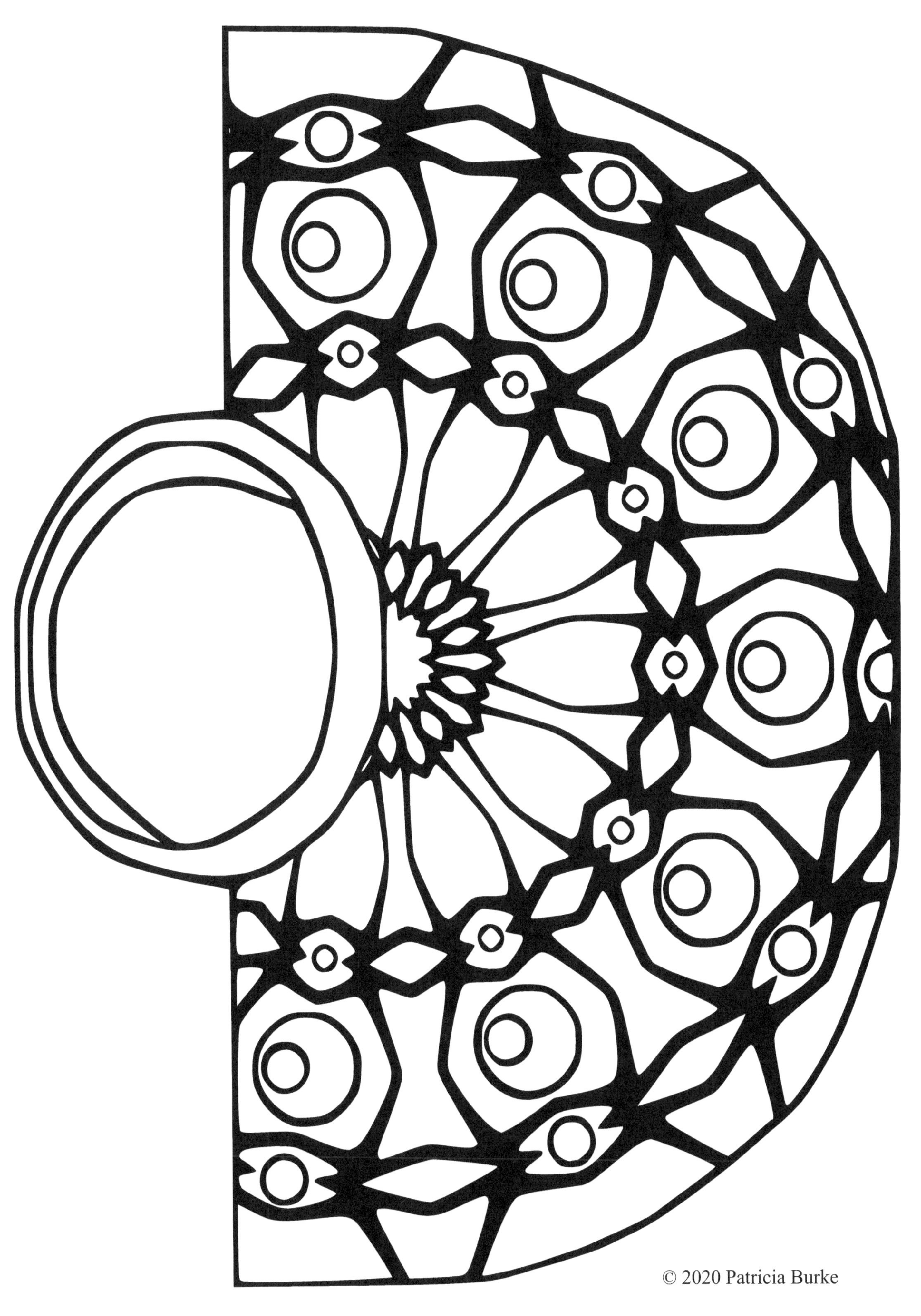

© 2020 Patricia Burke

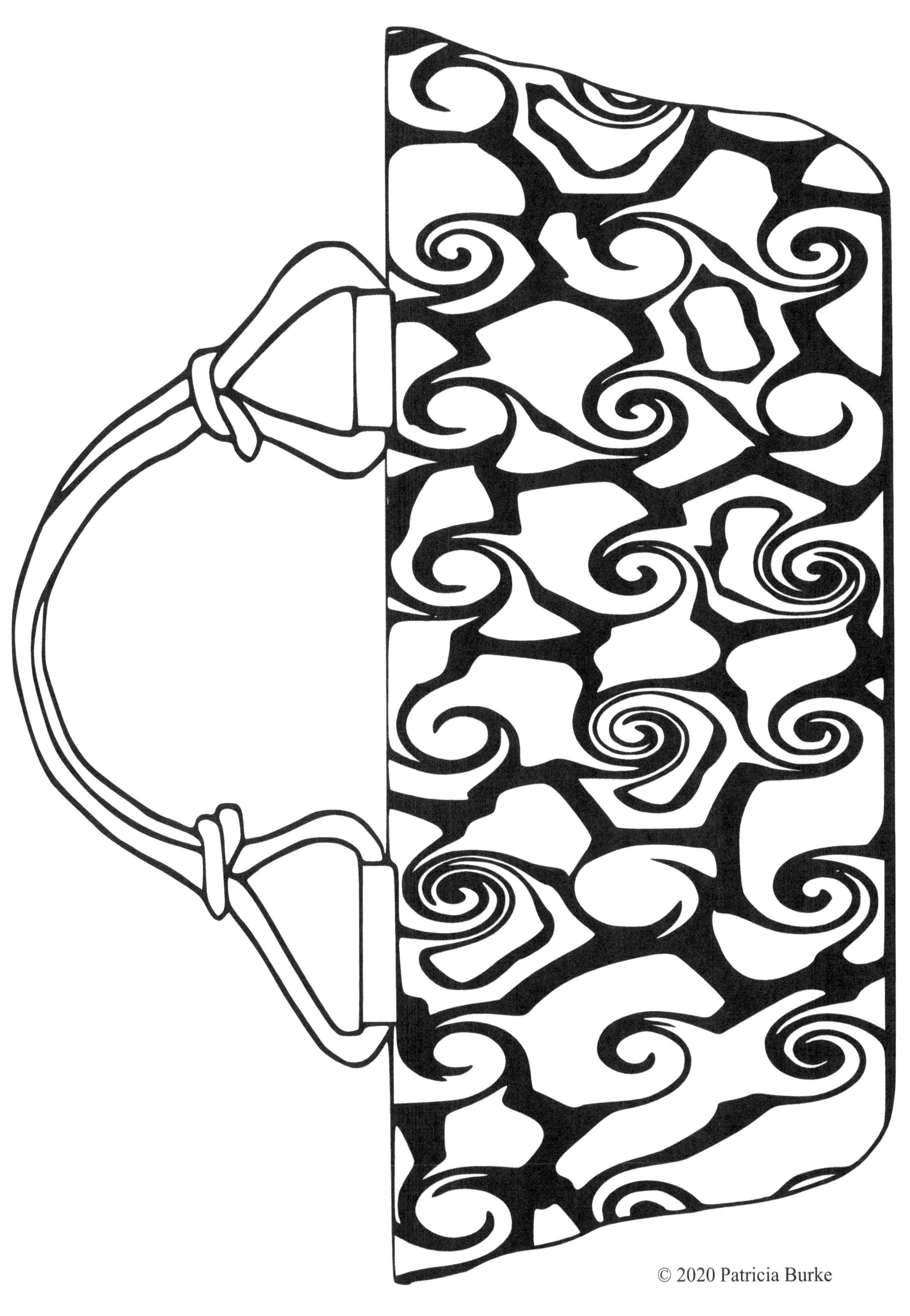

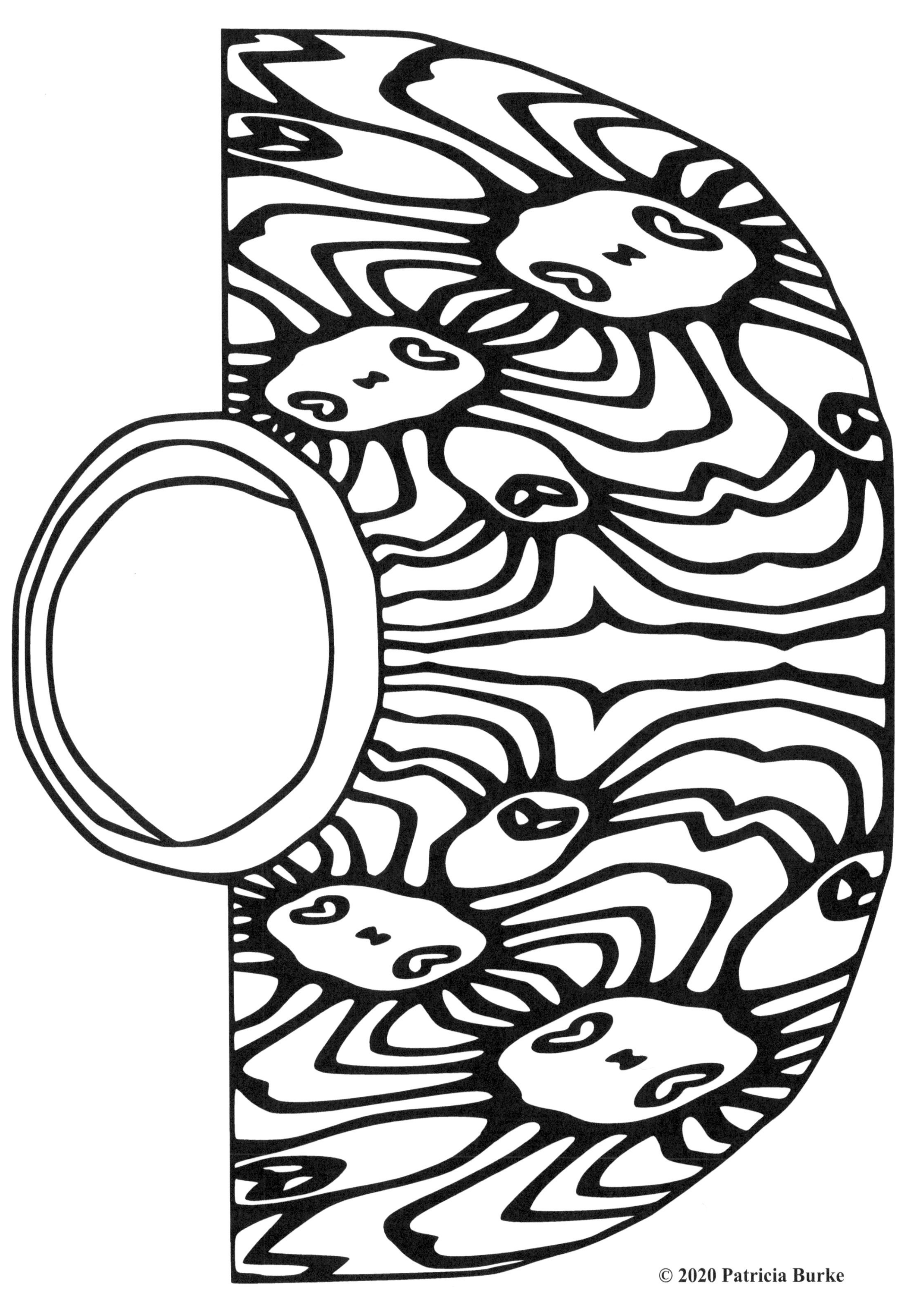

© 2020 Patricia Burke

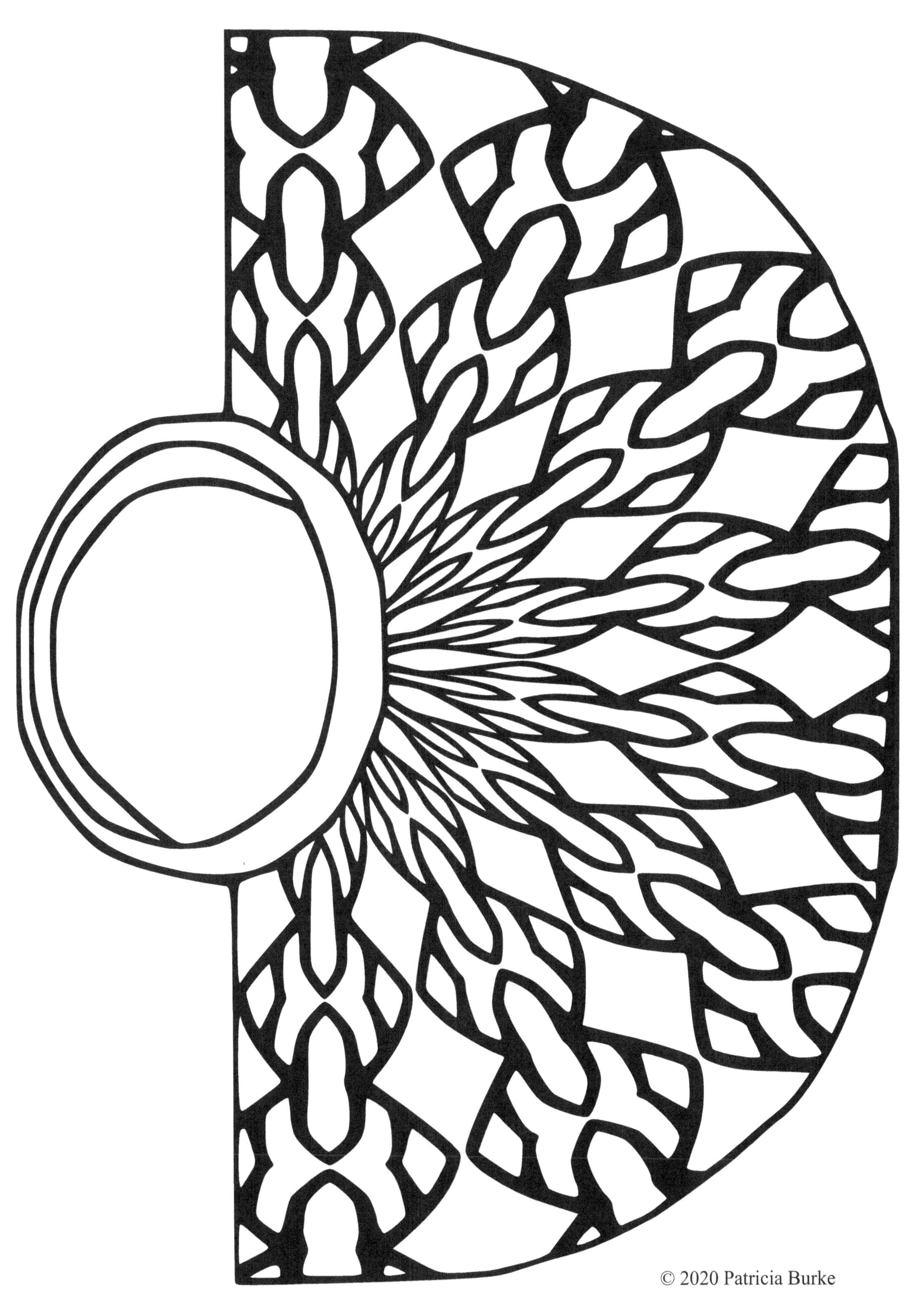

© 2020 Patricia Burke

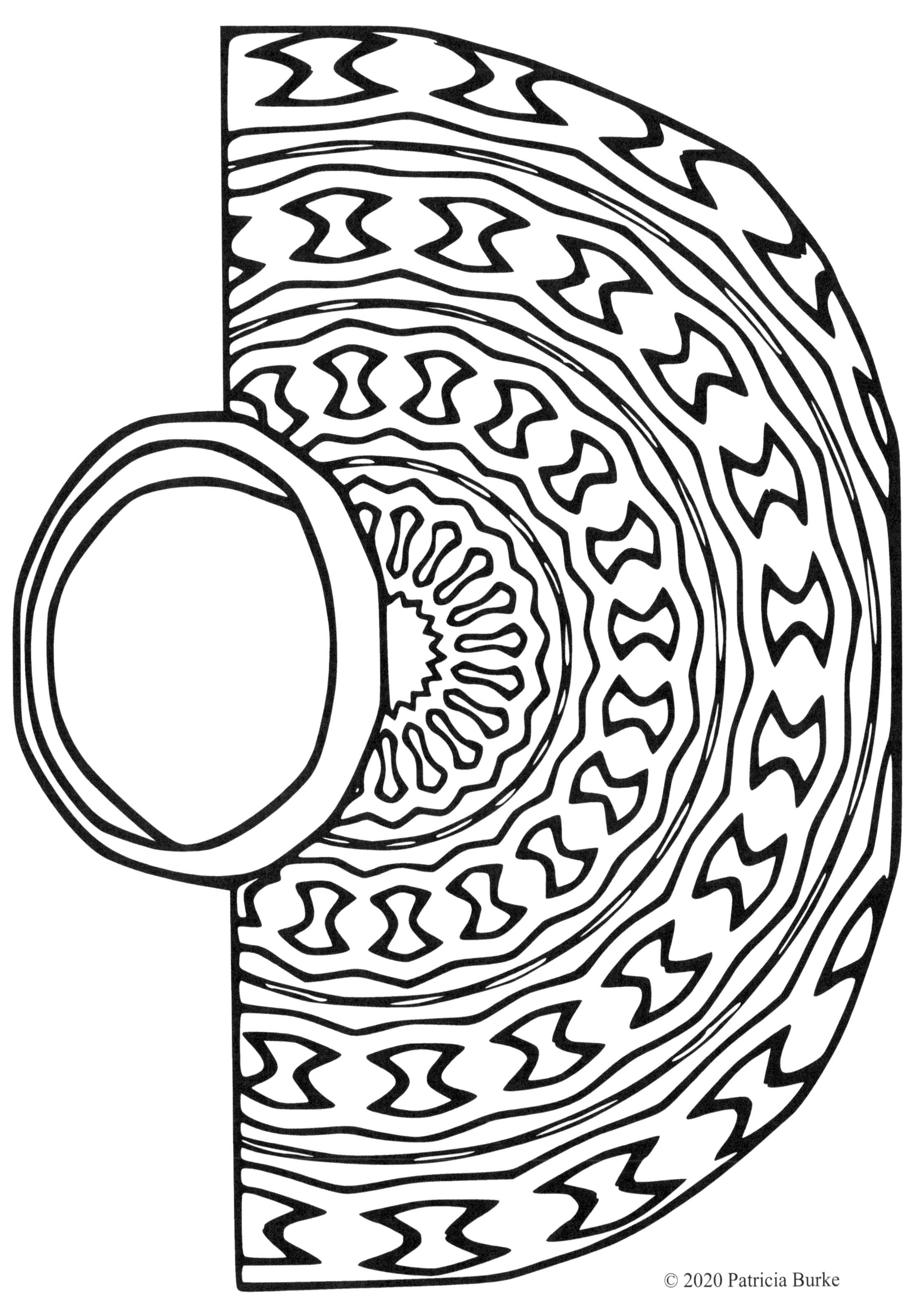

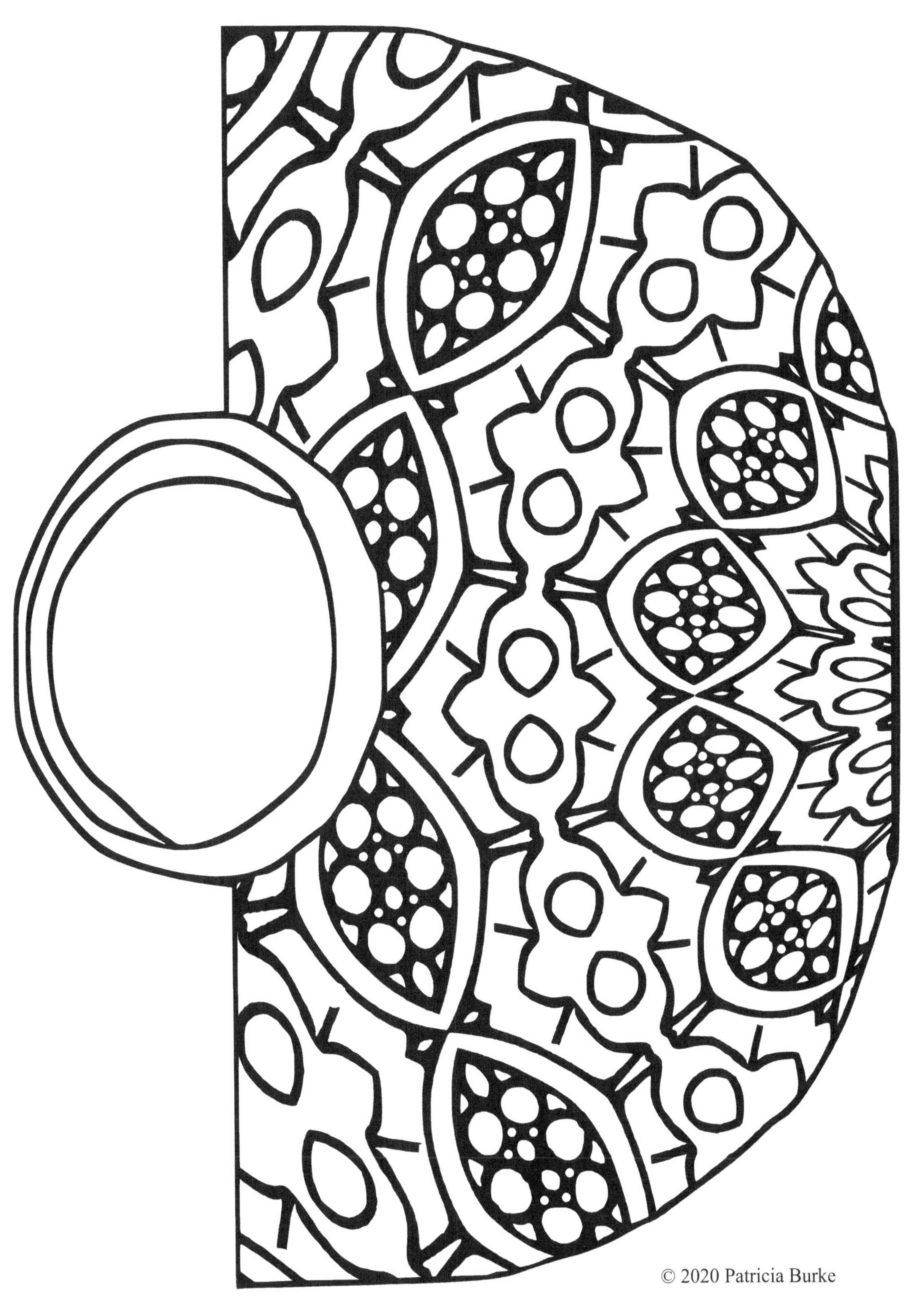

© 2020 Patricia Burke

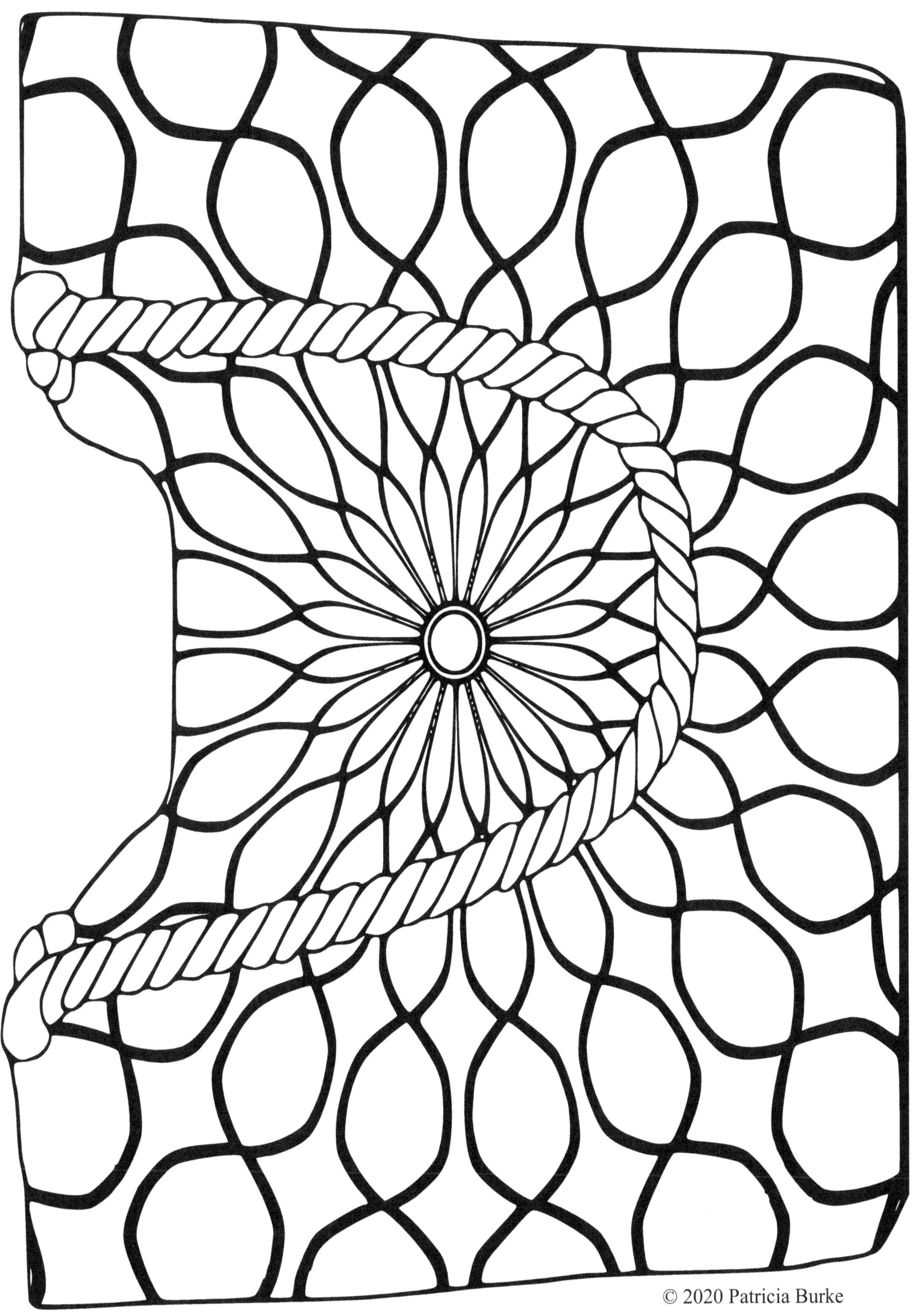

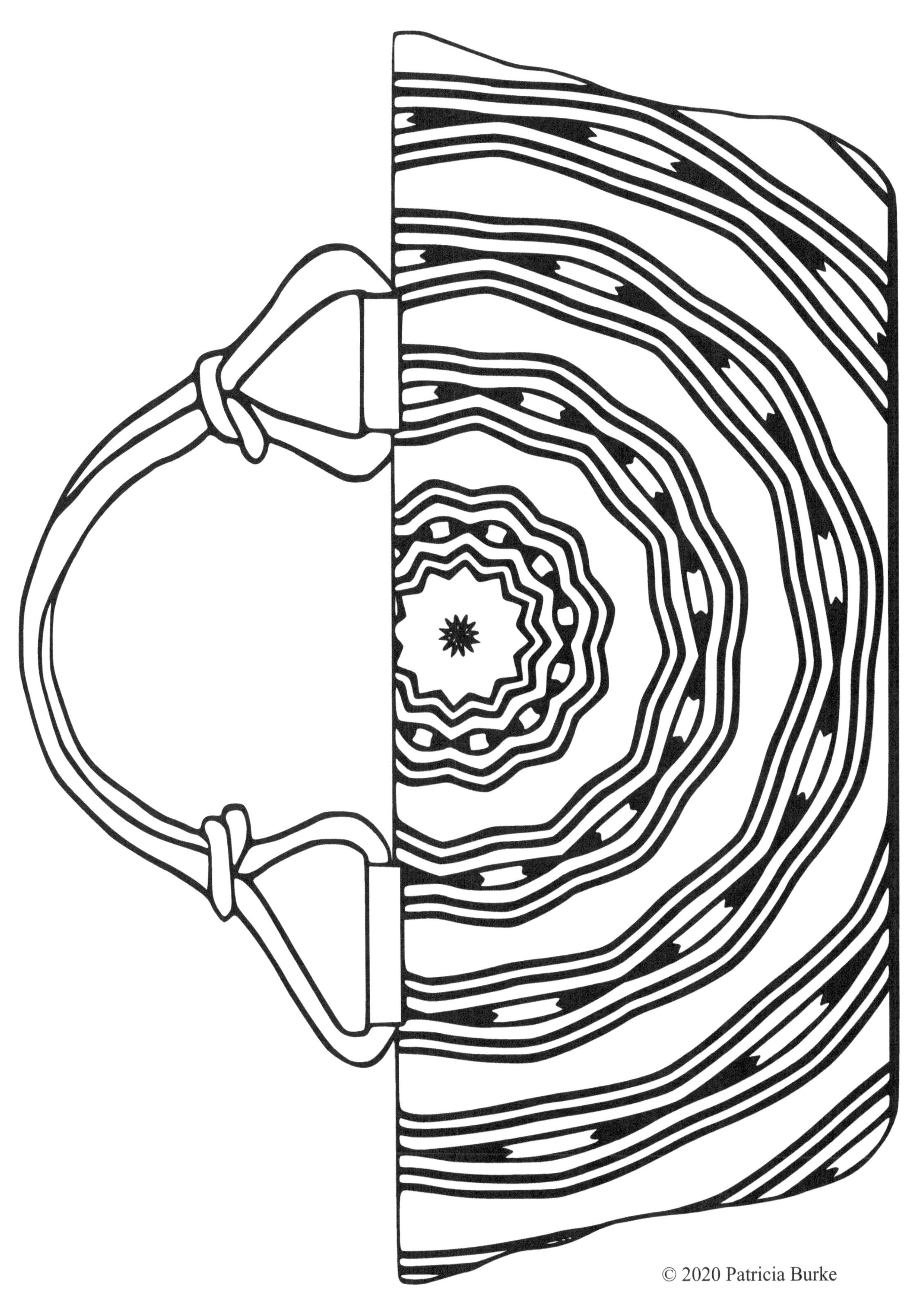

© 2020 Patricia Burke

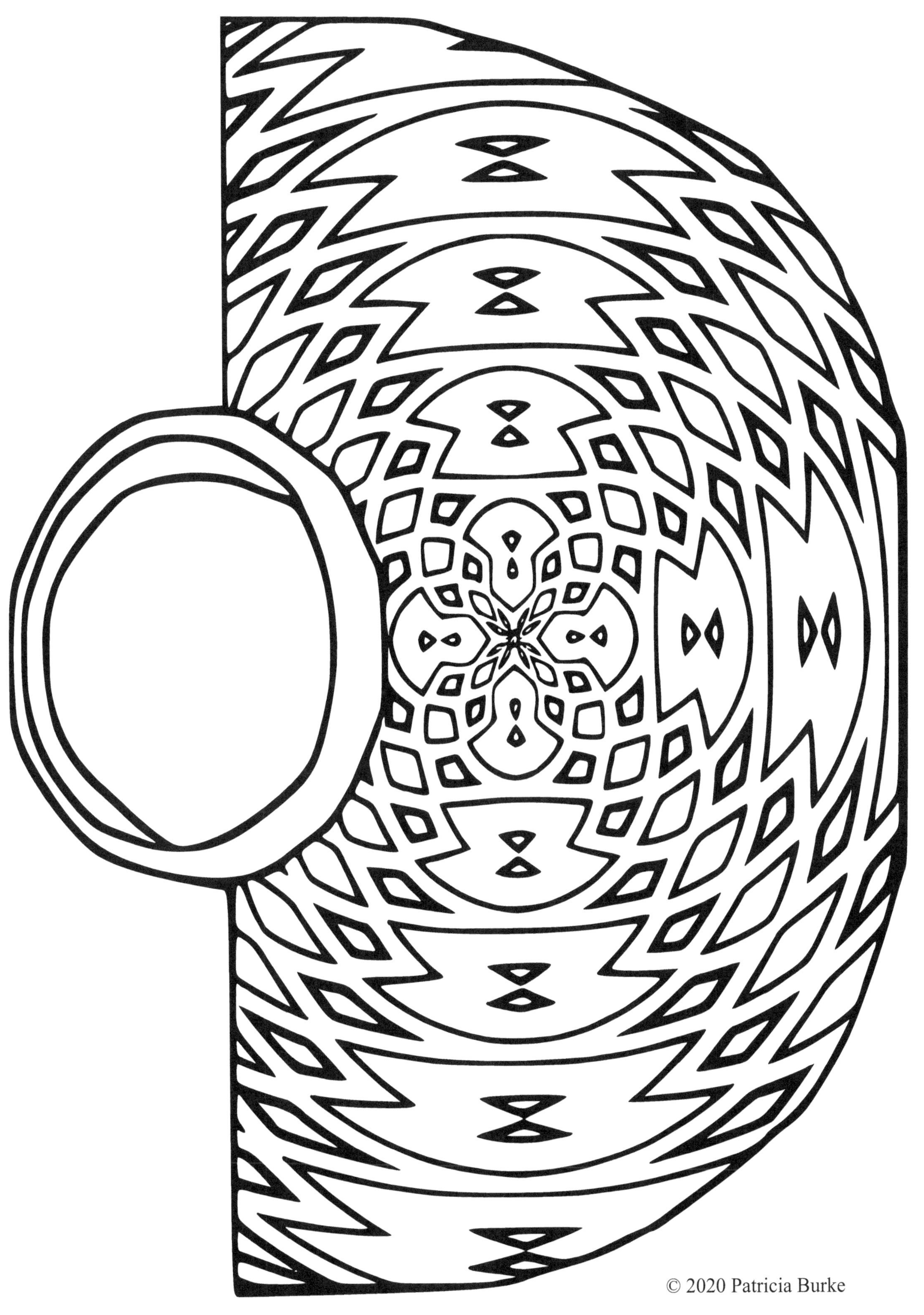

© 2020 Patricia Burke

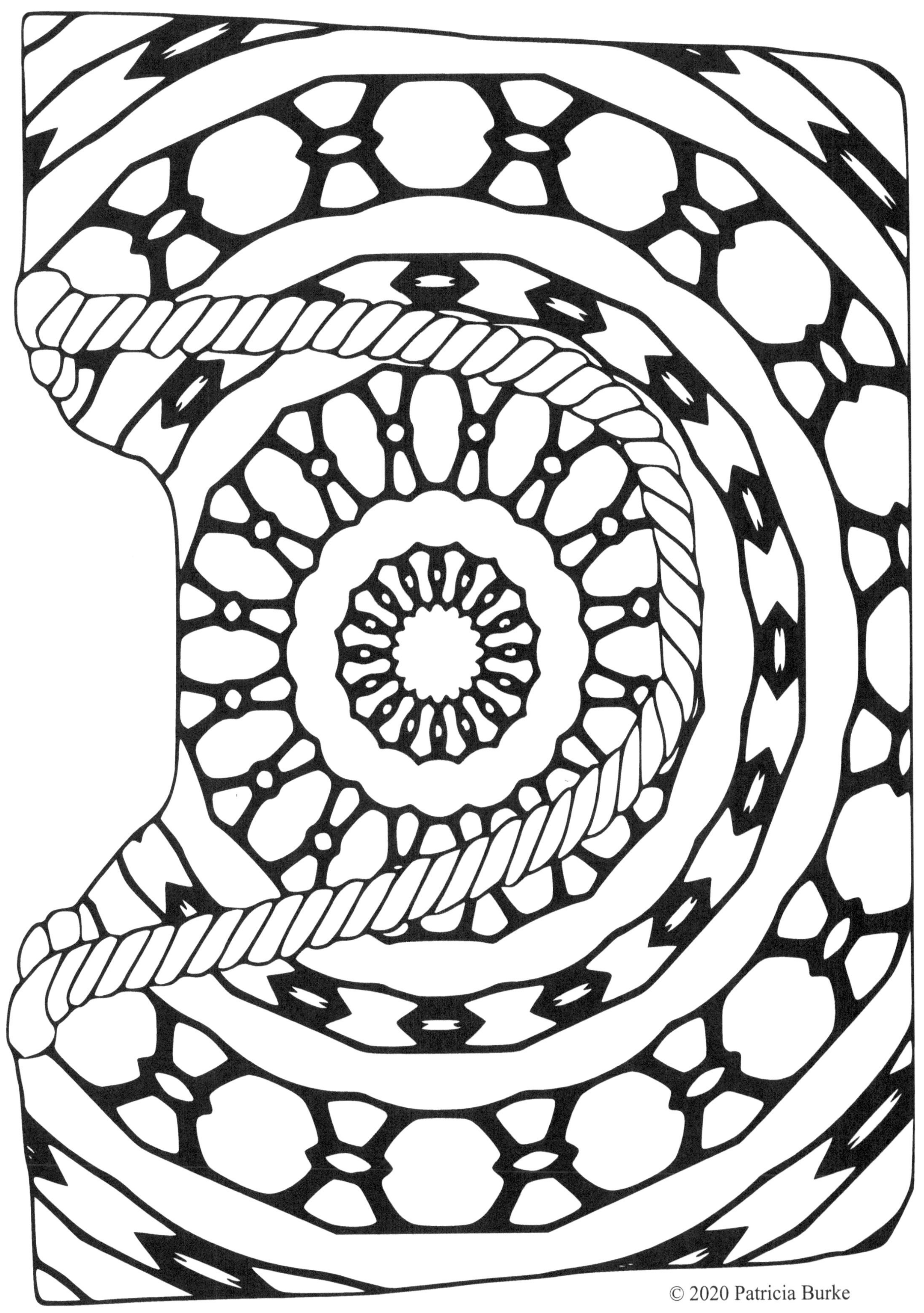

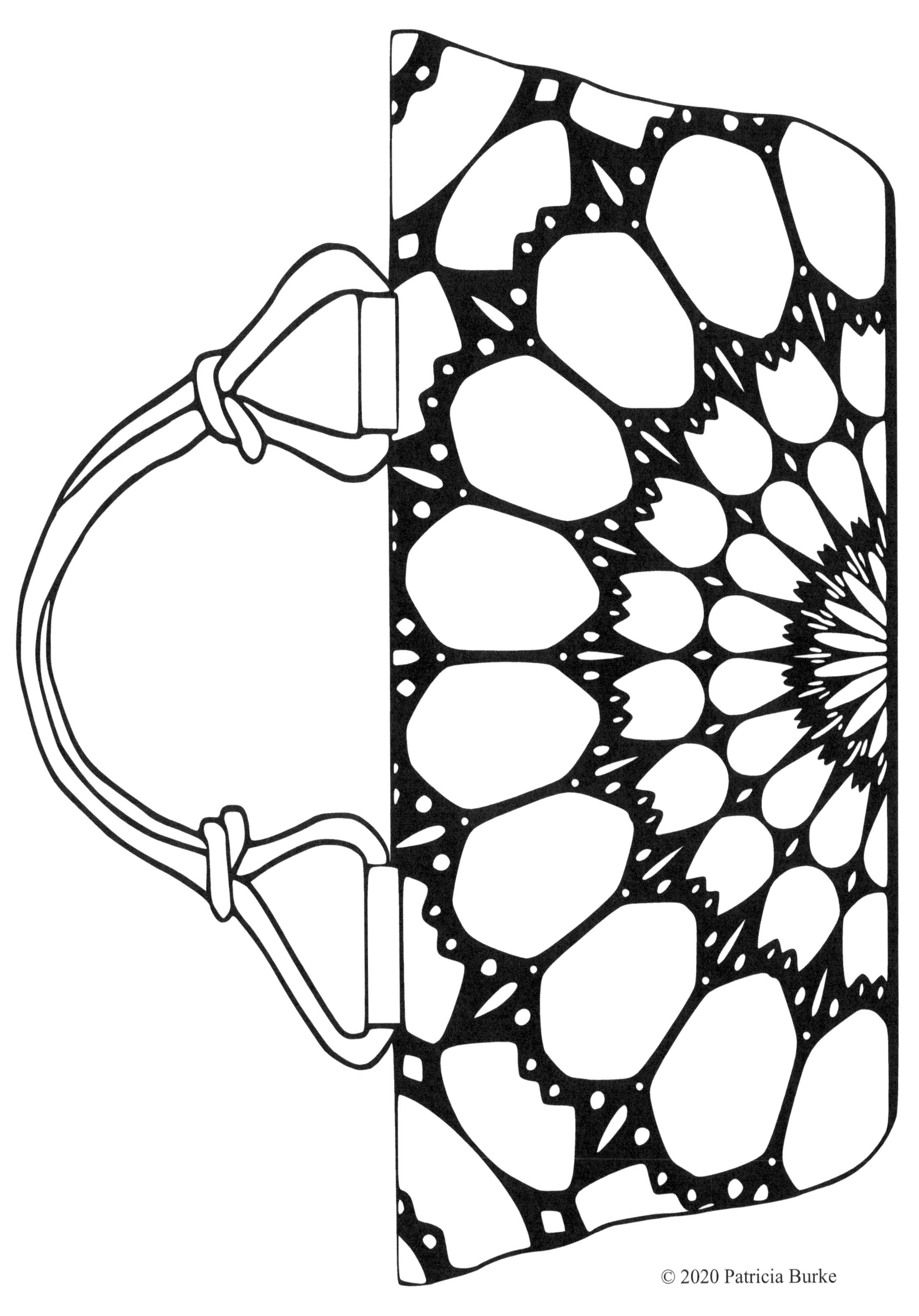

© 2020 Patricia Burke

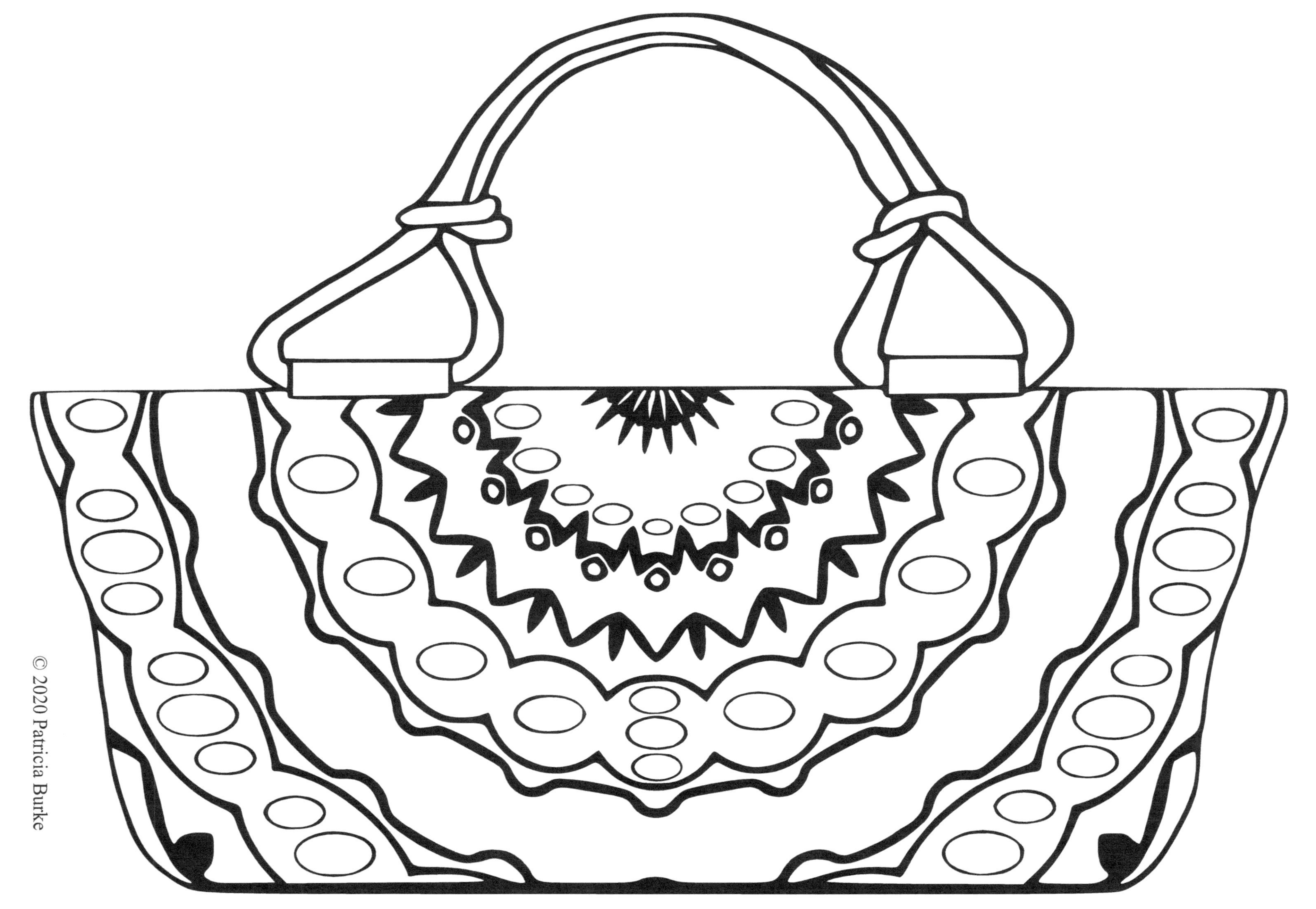

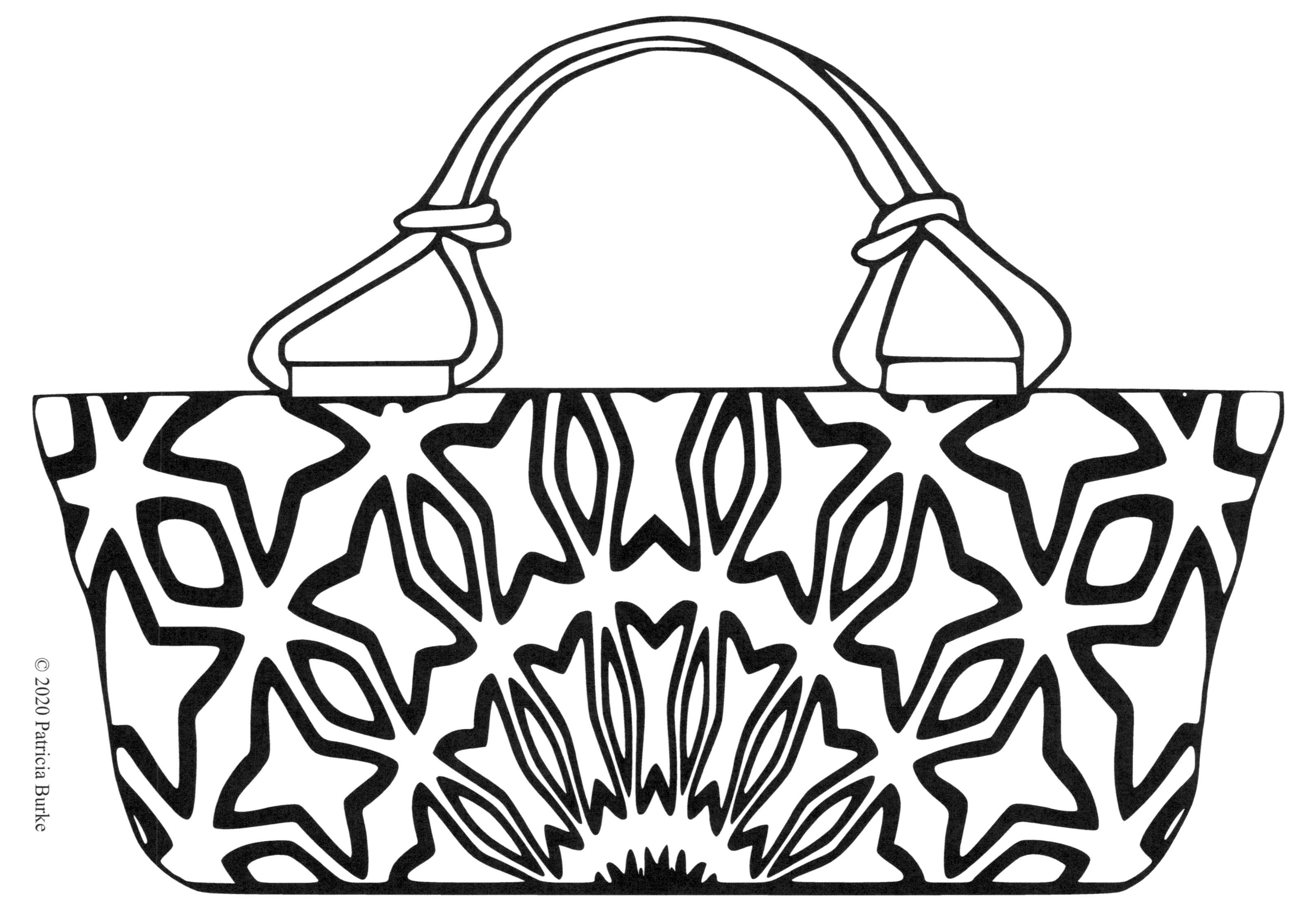

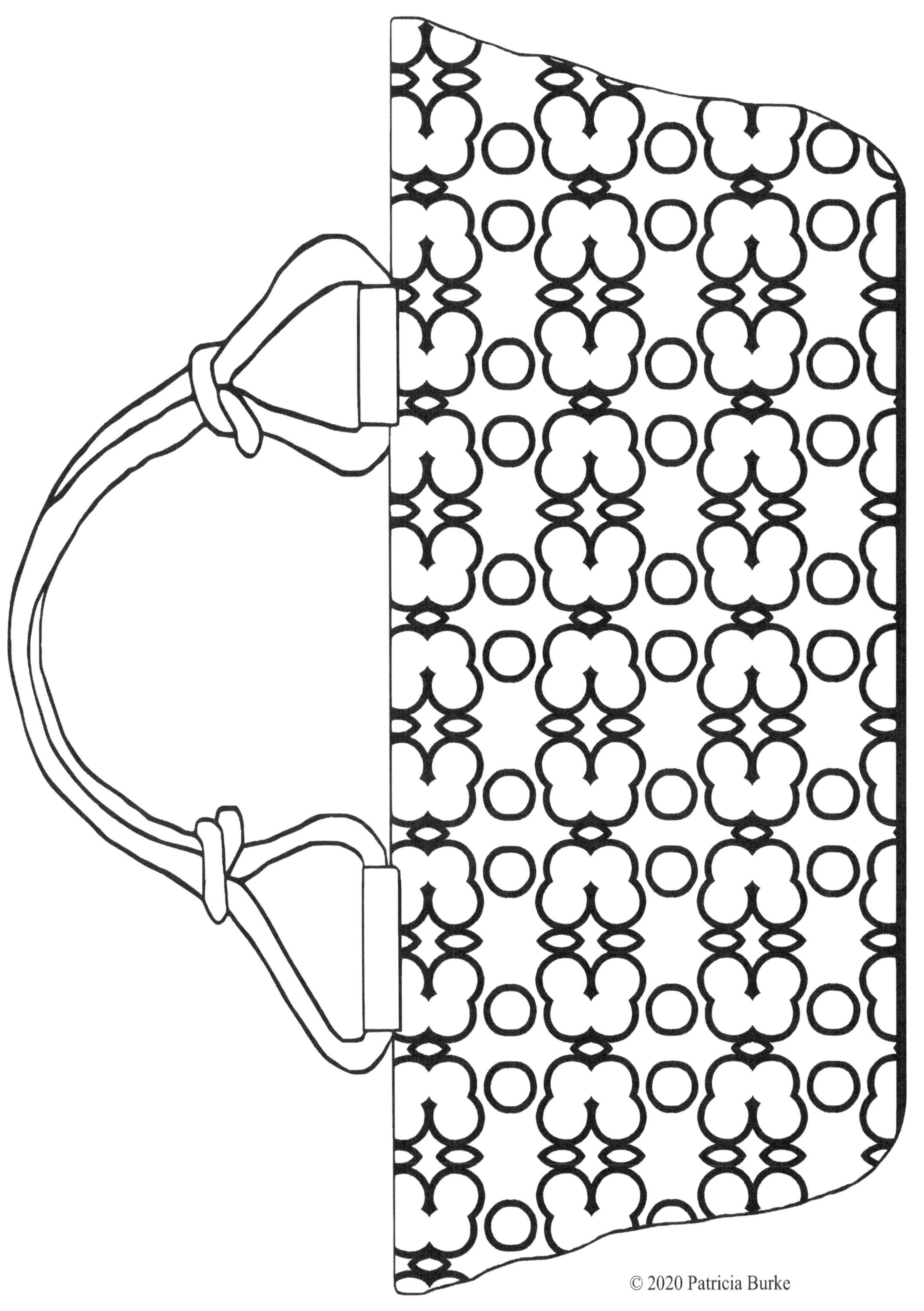

© 2020 Patricia Burke

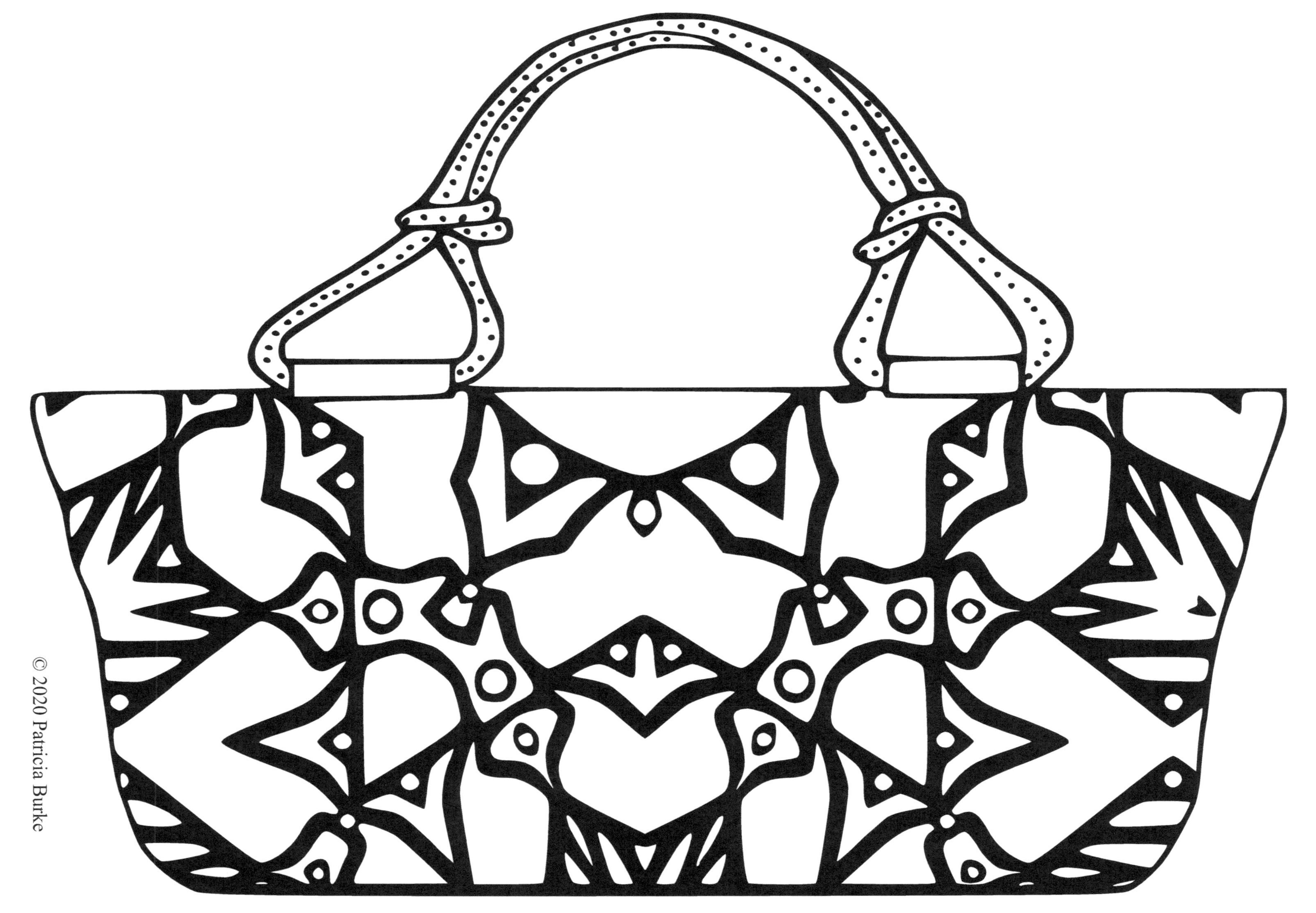

© 2020 Patricia Burke

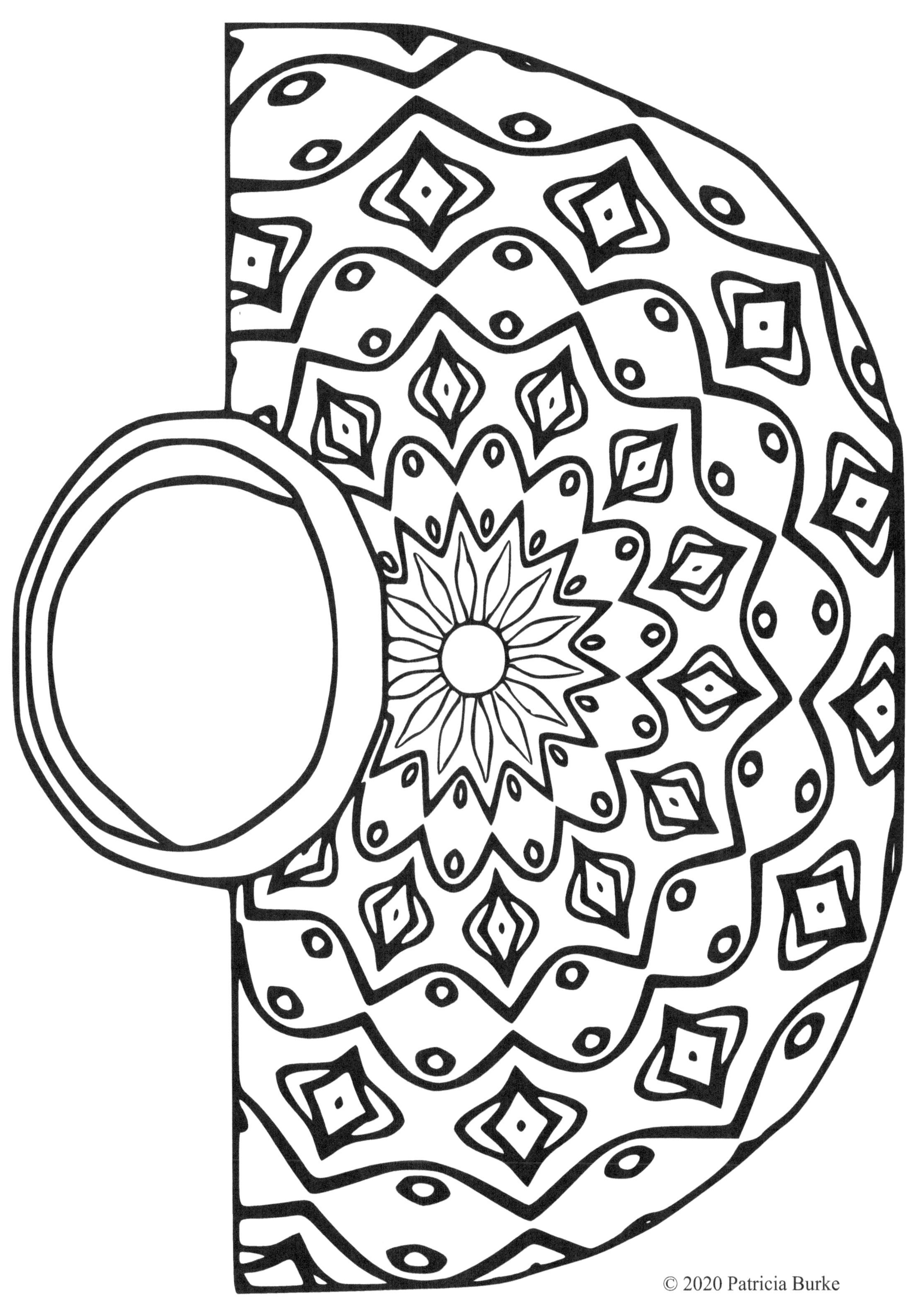

© 2020 Patricia Burke

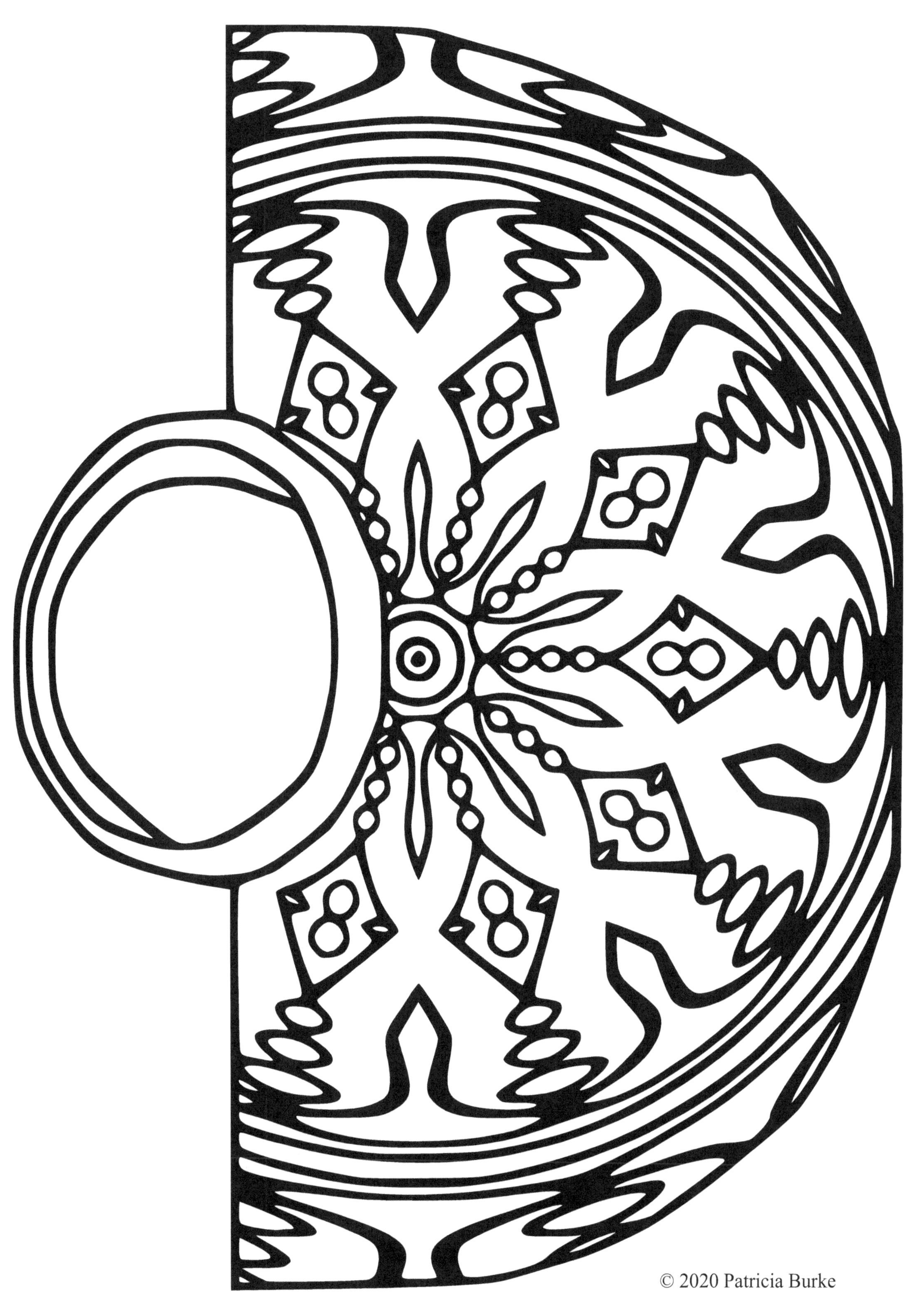

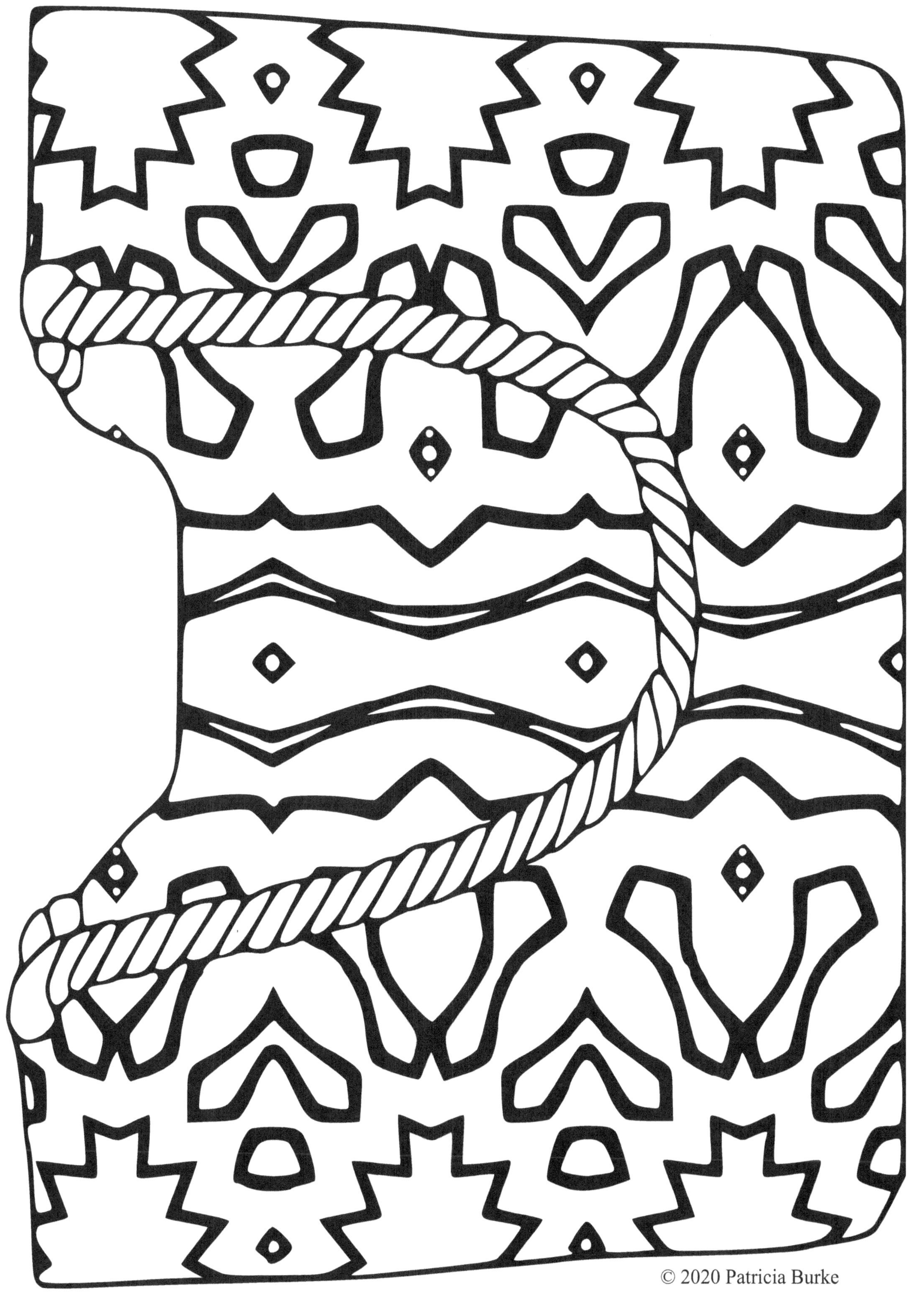

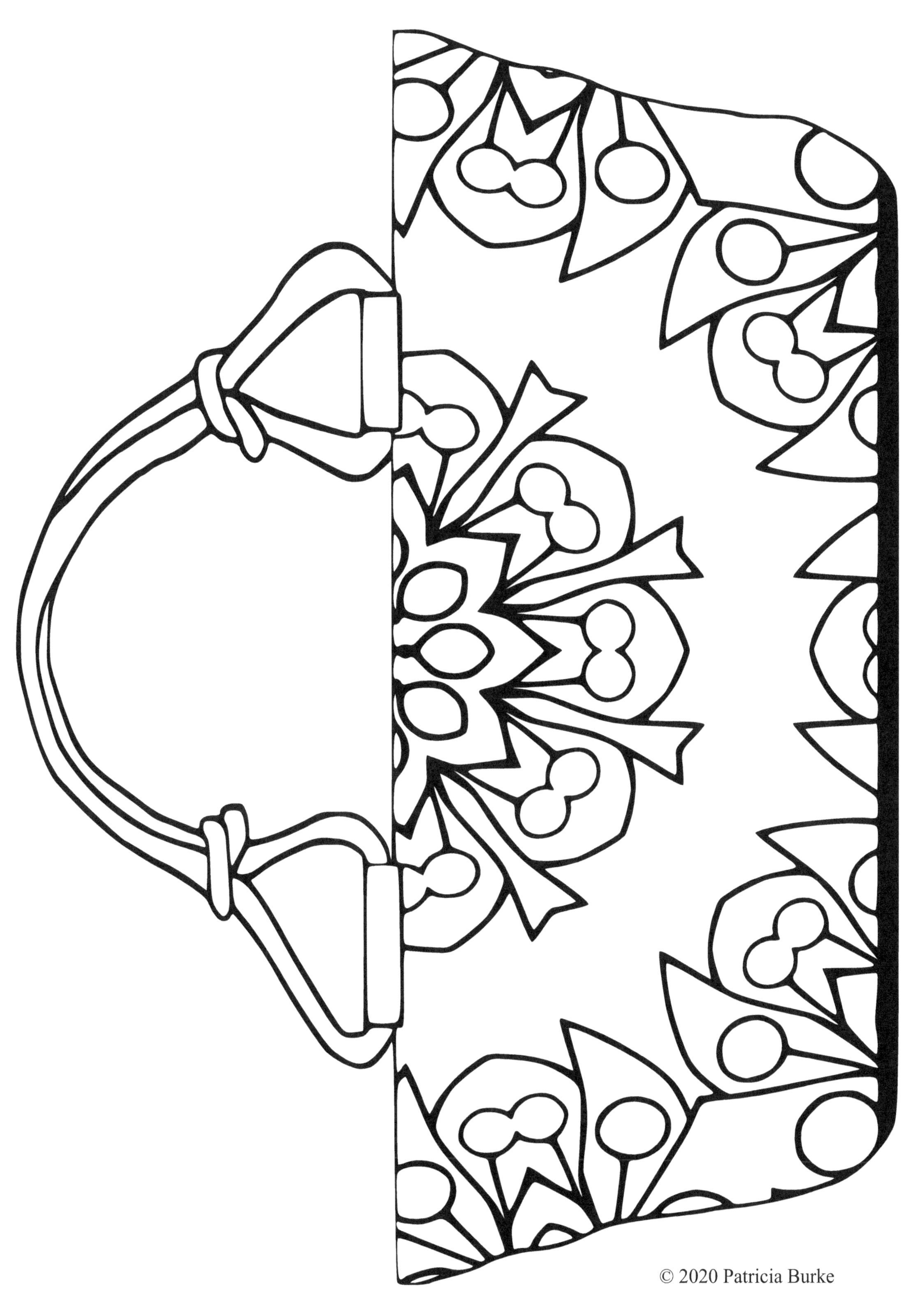

© 2020 Patricia Burke

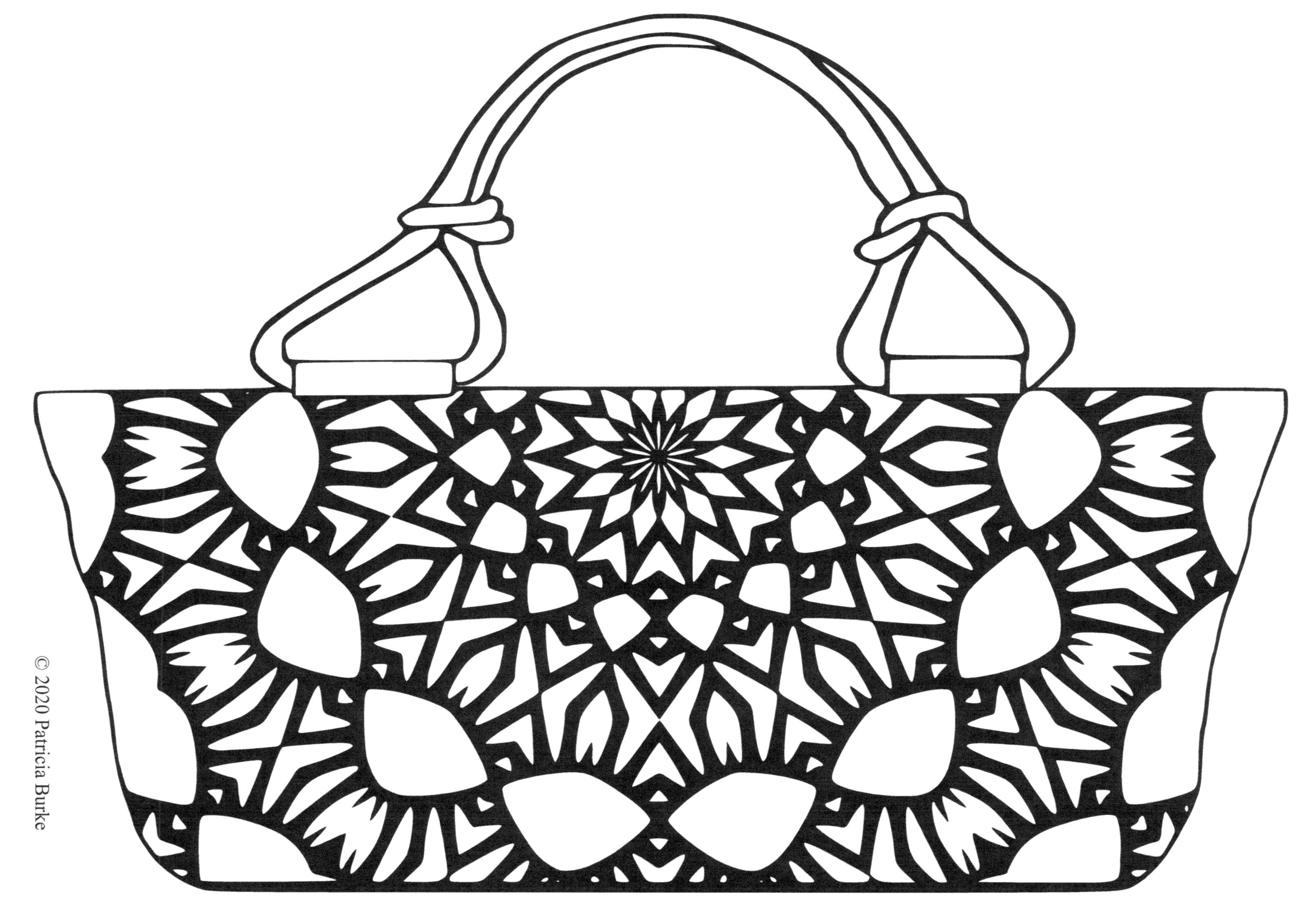

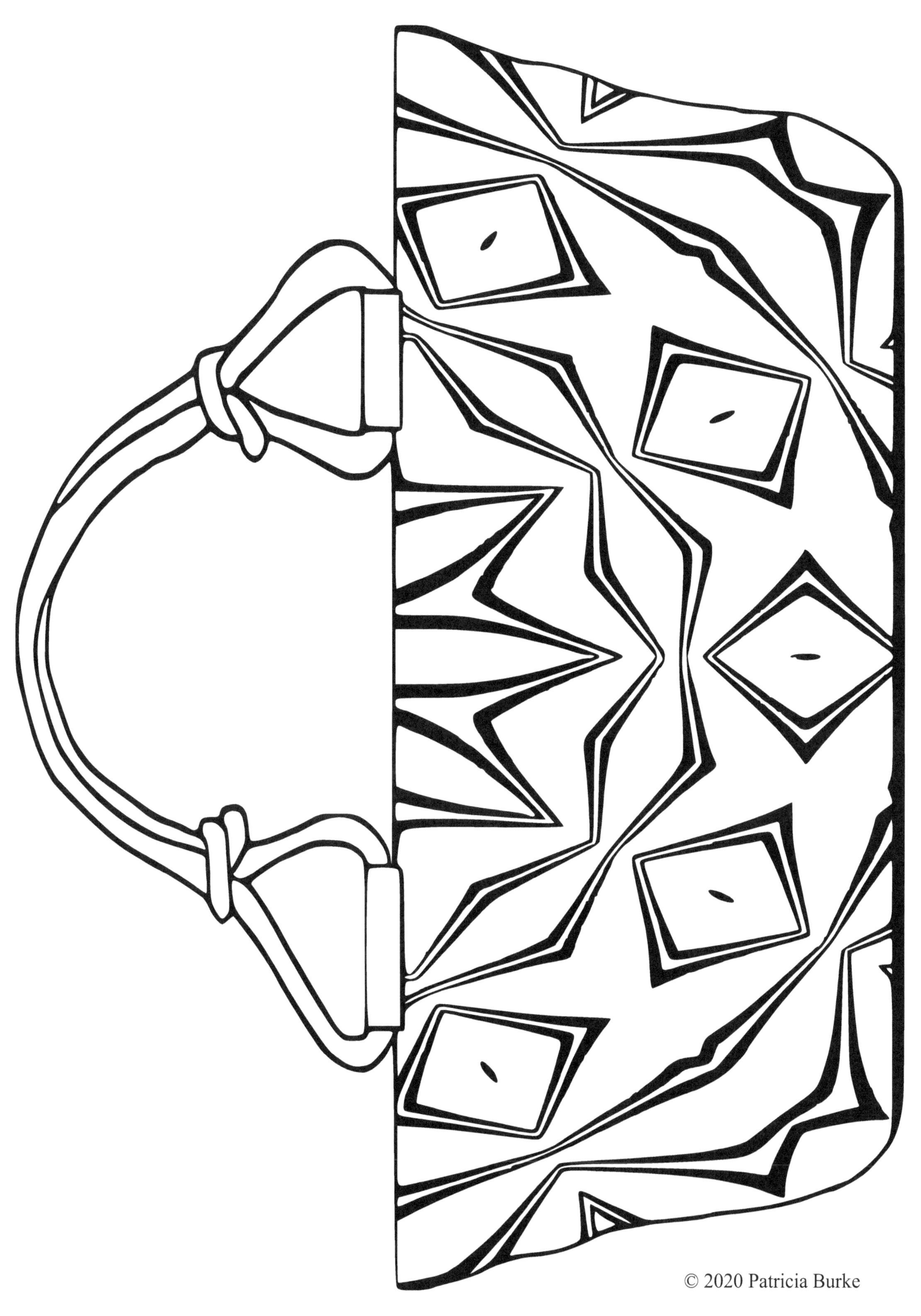

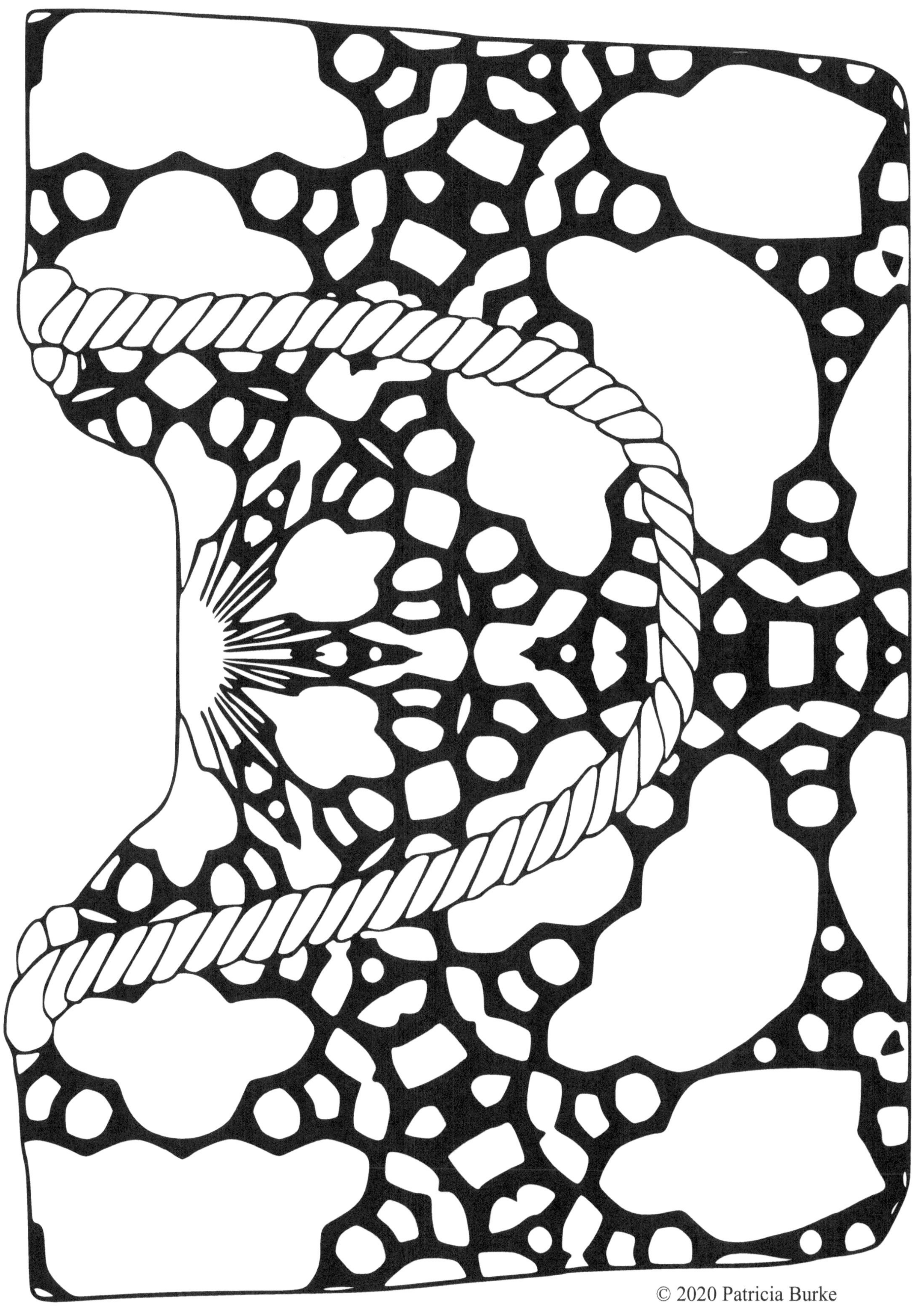

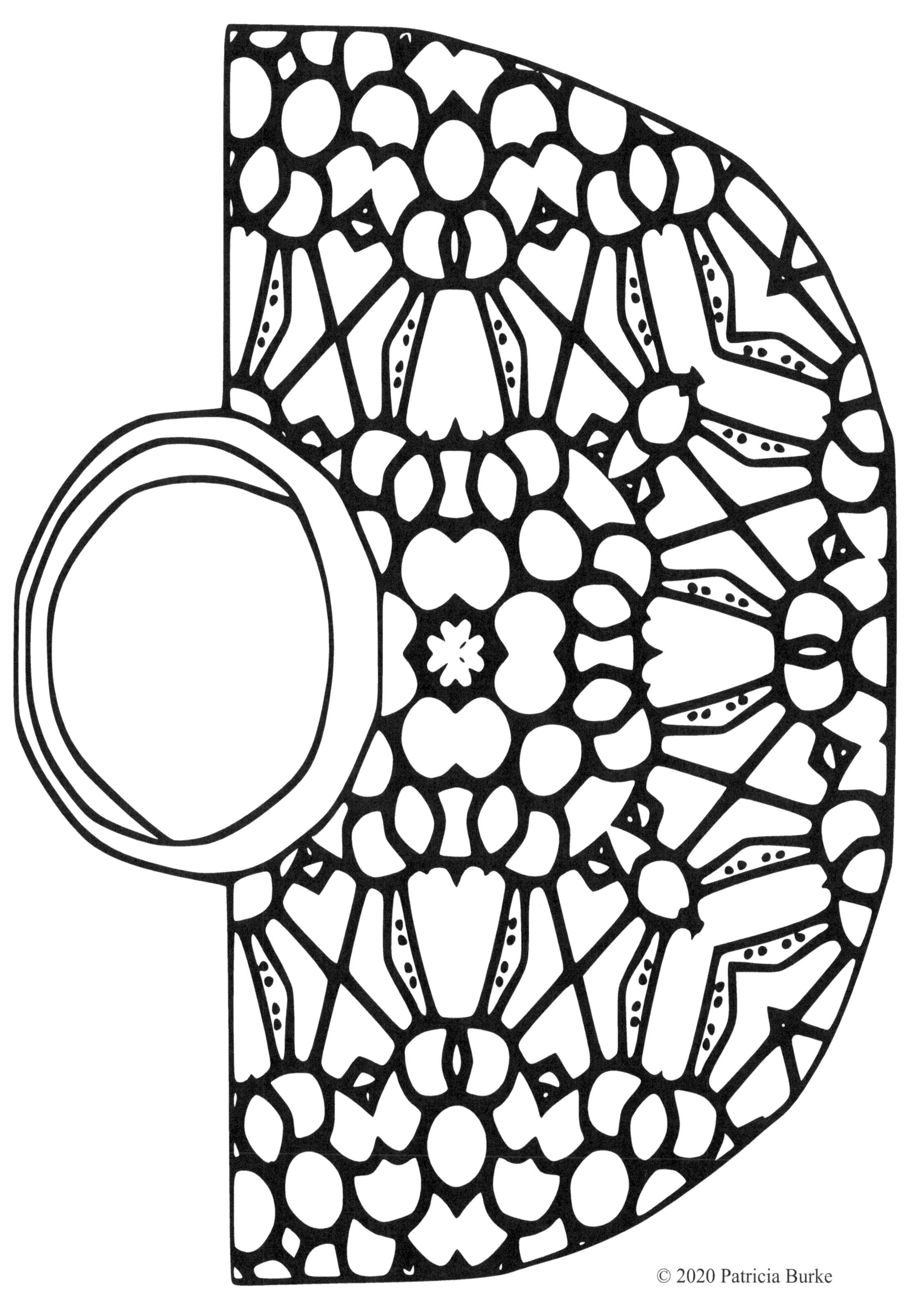

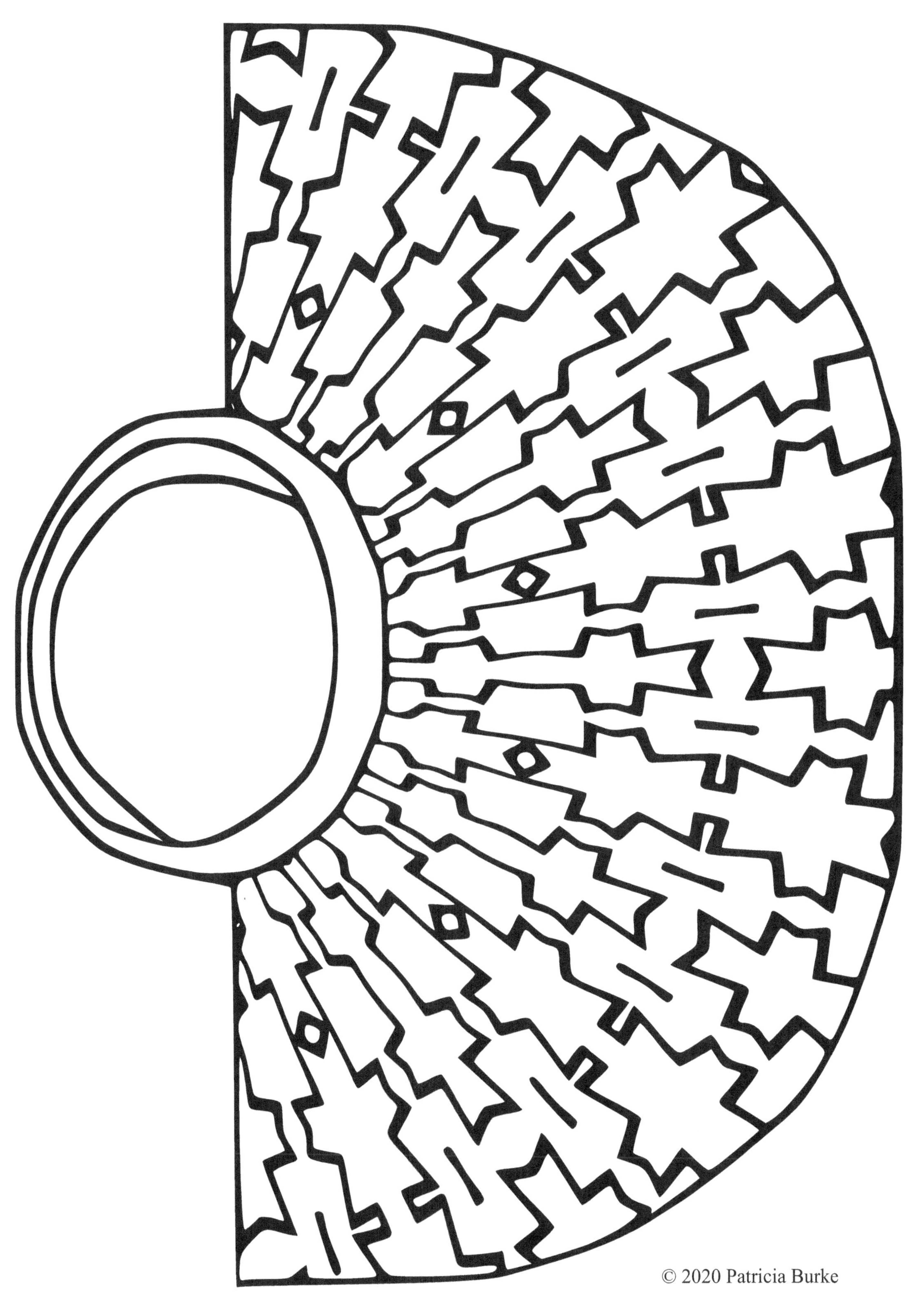

© 2020 Patricia Burke

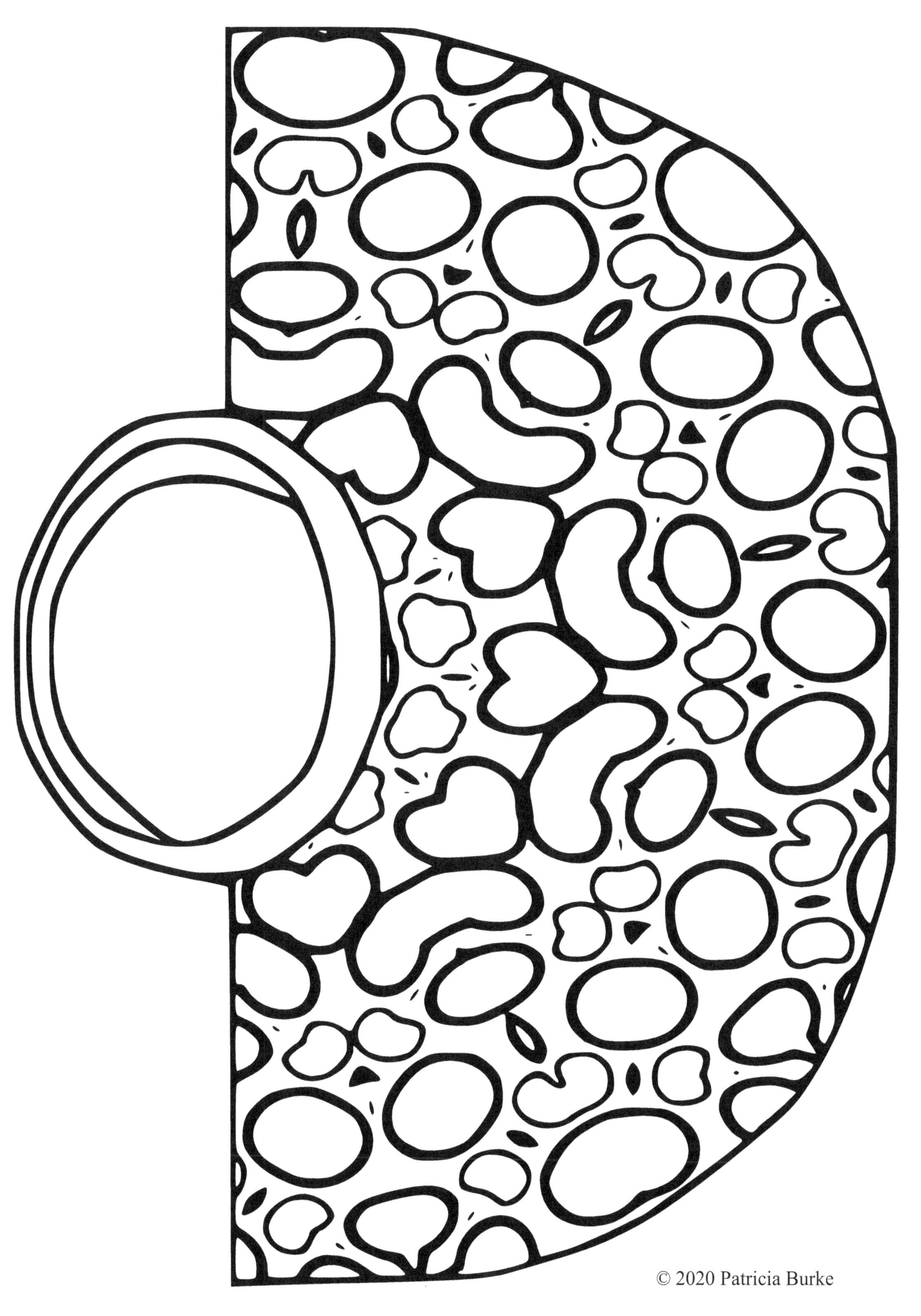

© 2020 Patricia Burke

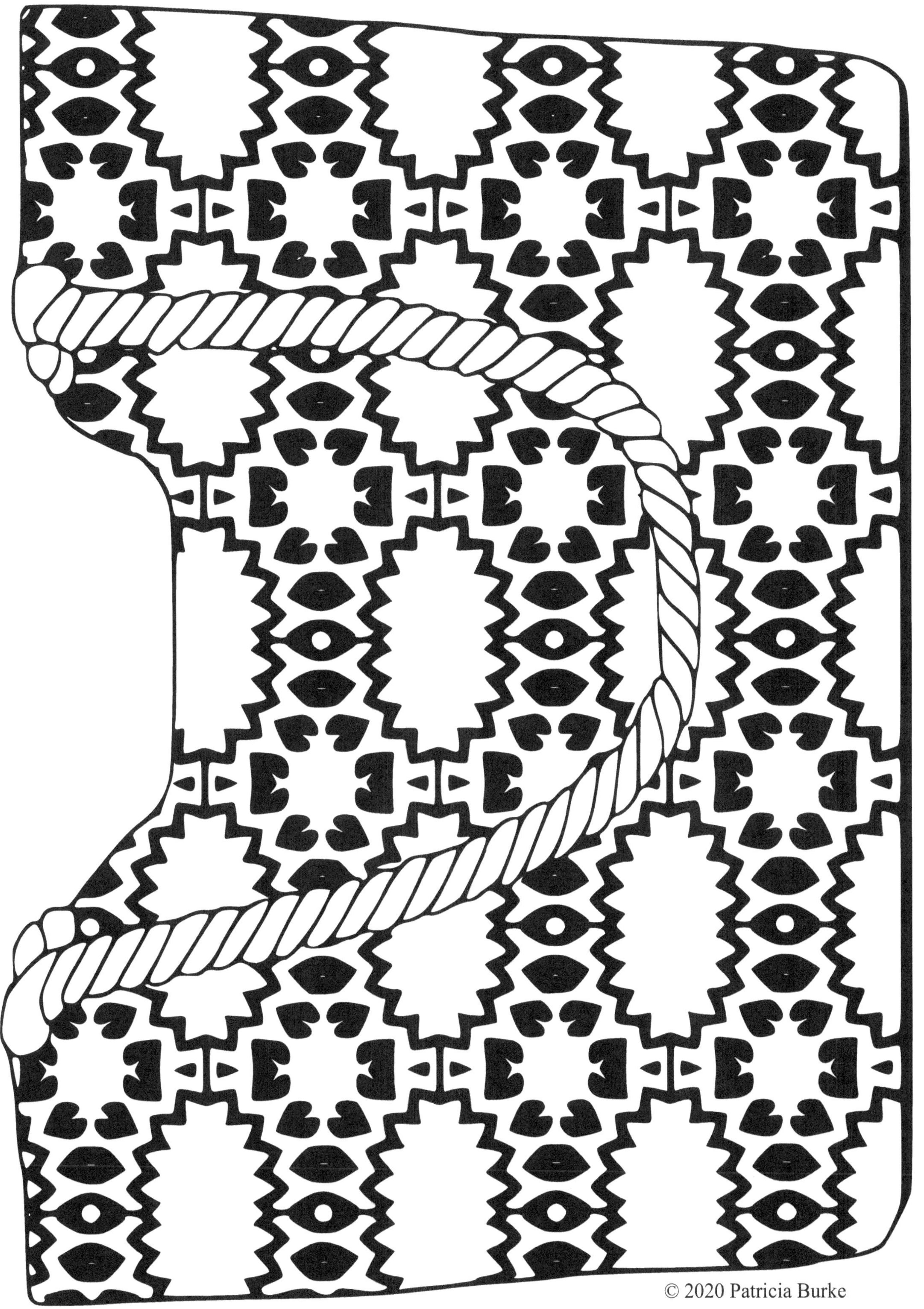

© 2020 Patricia Burke

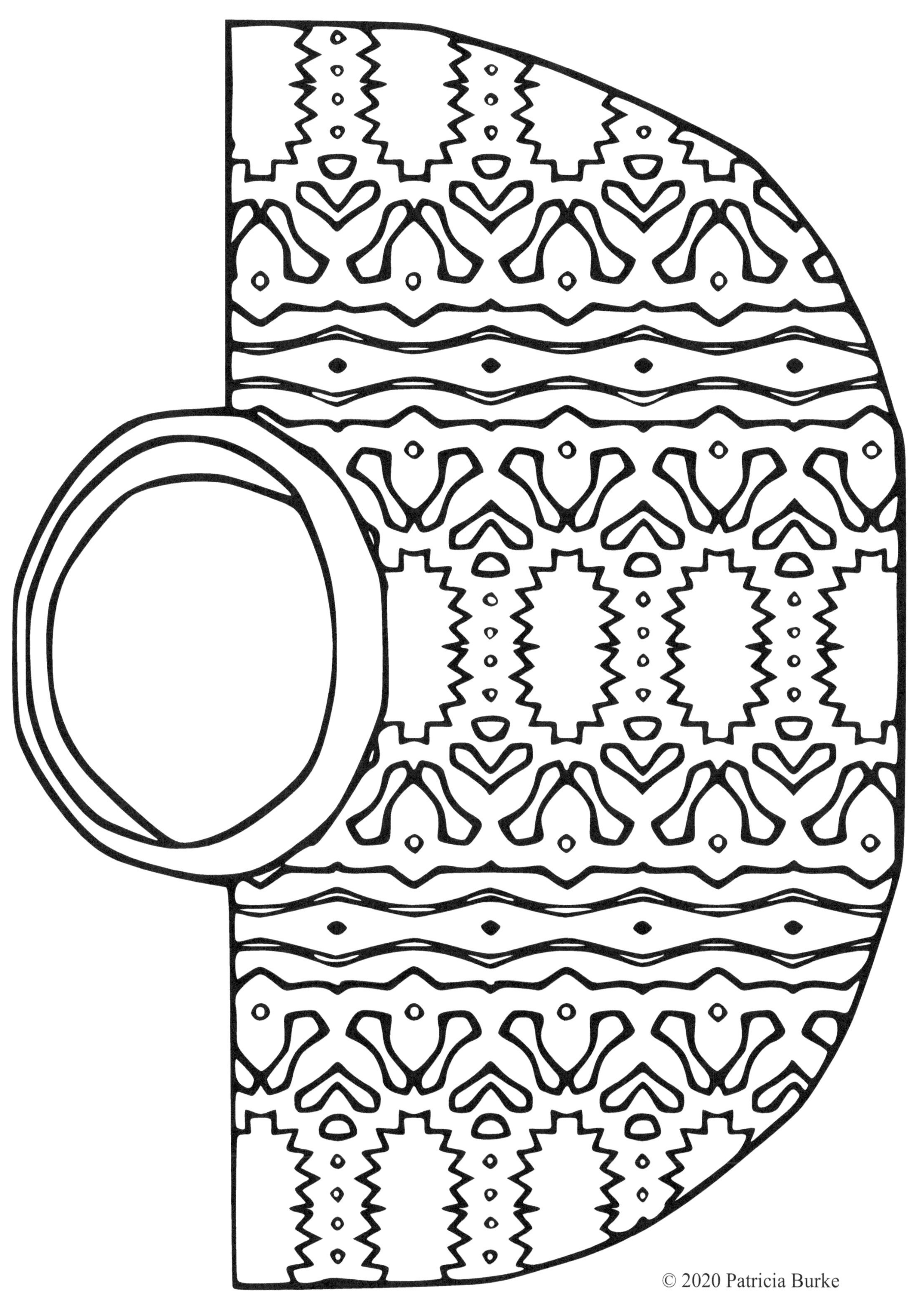

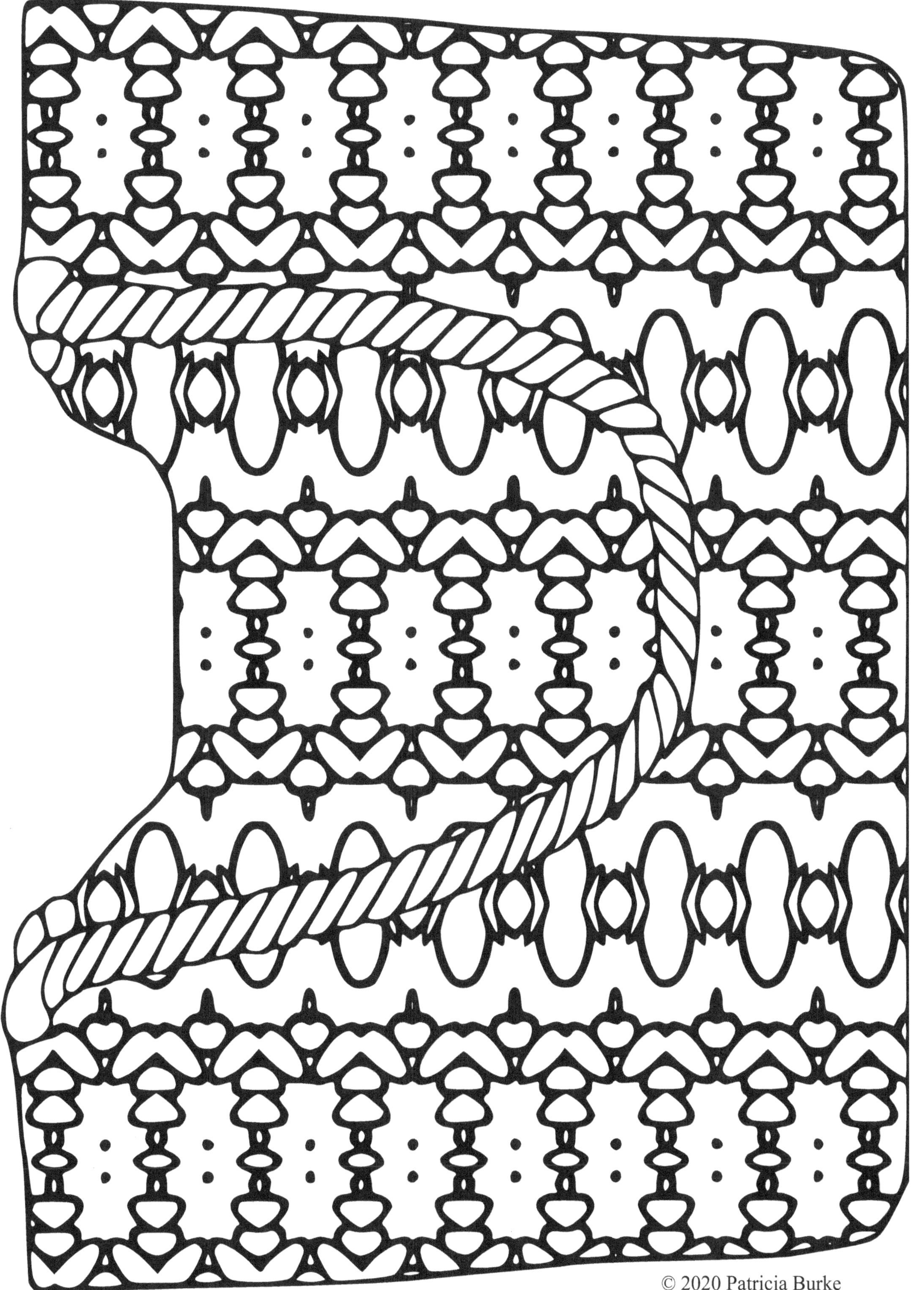

© 2020 Patricia Burke

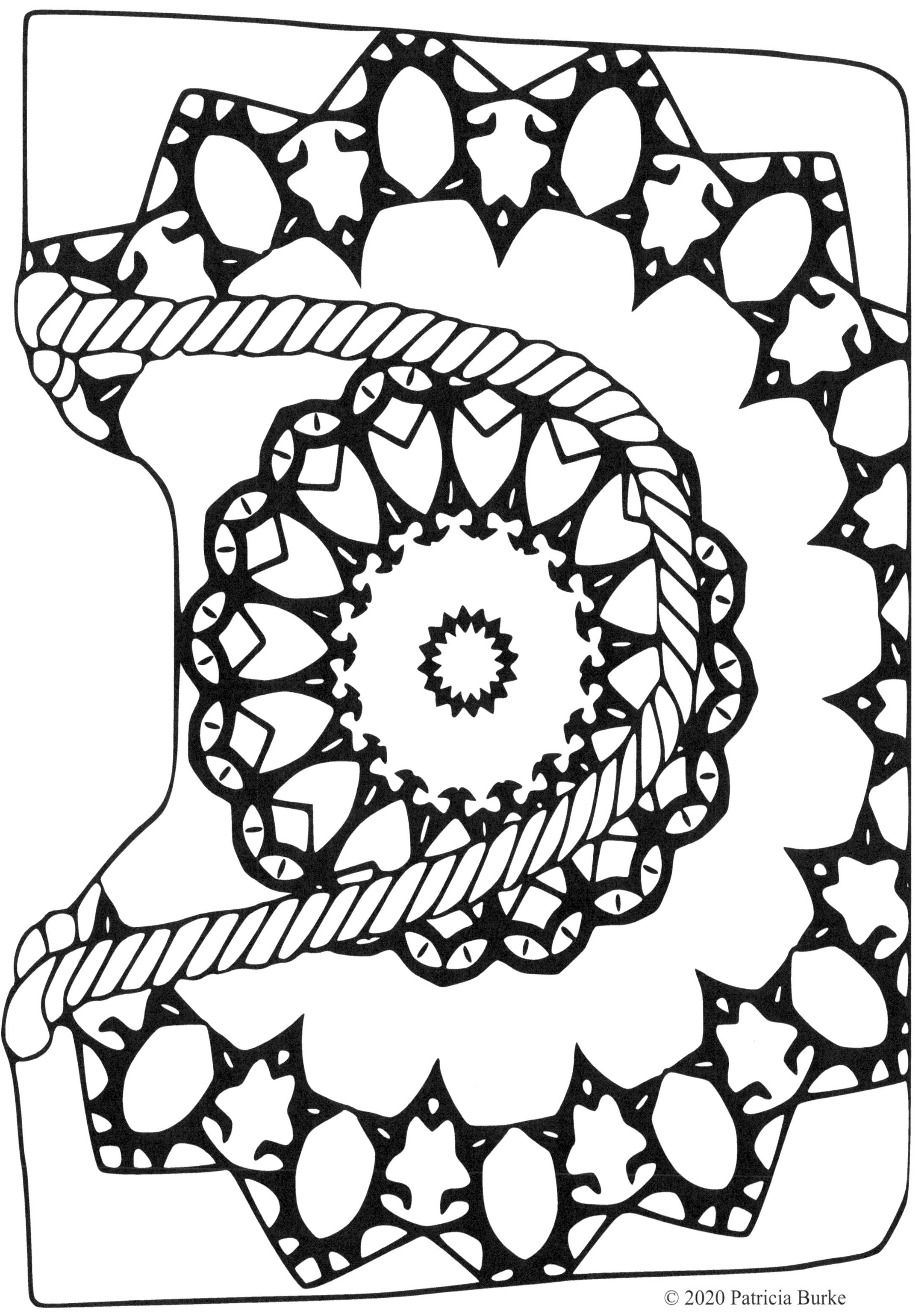

© 2020 Patricia Burke

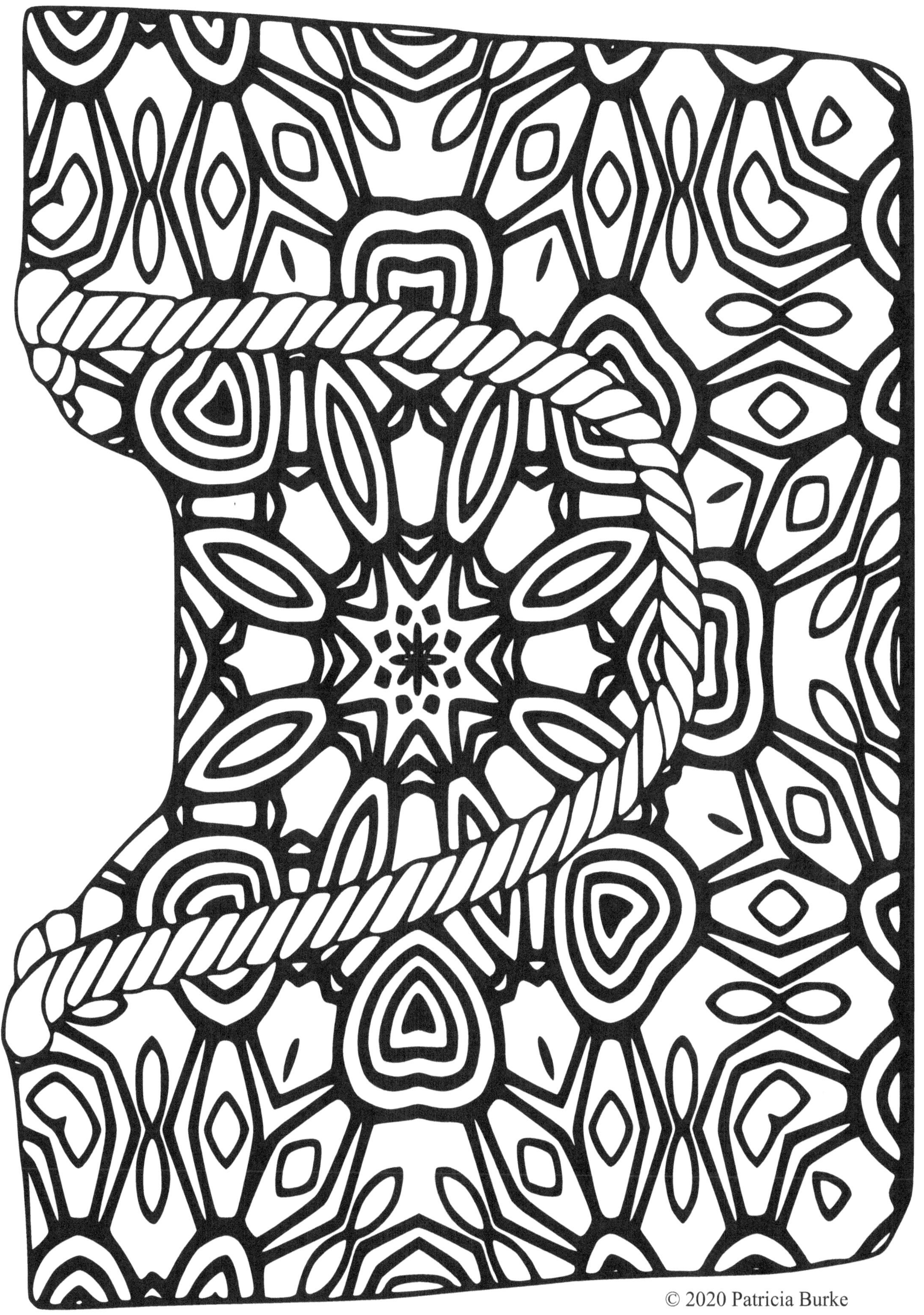

© 2020 Patricia Burke

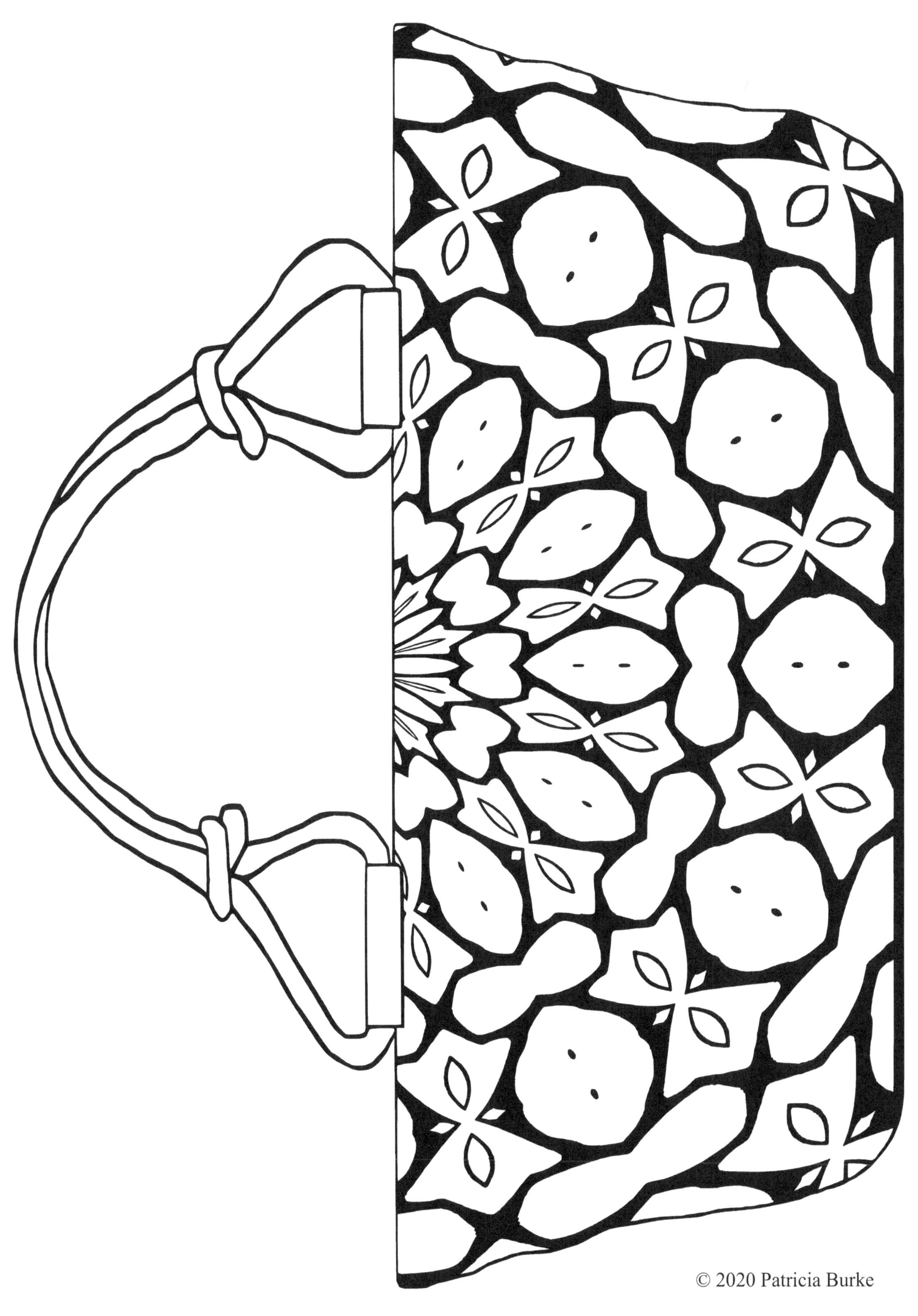

© 2020 Patricia Burke

BONUS PAGES

TUBBY TOTES

ADULT COLORING BOOK

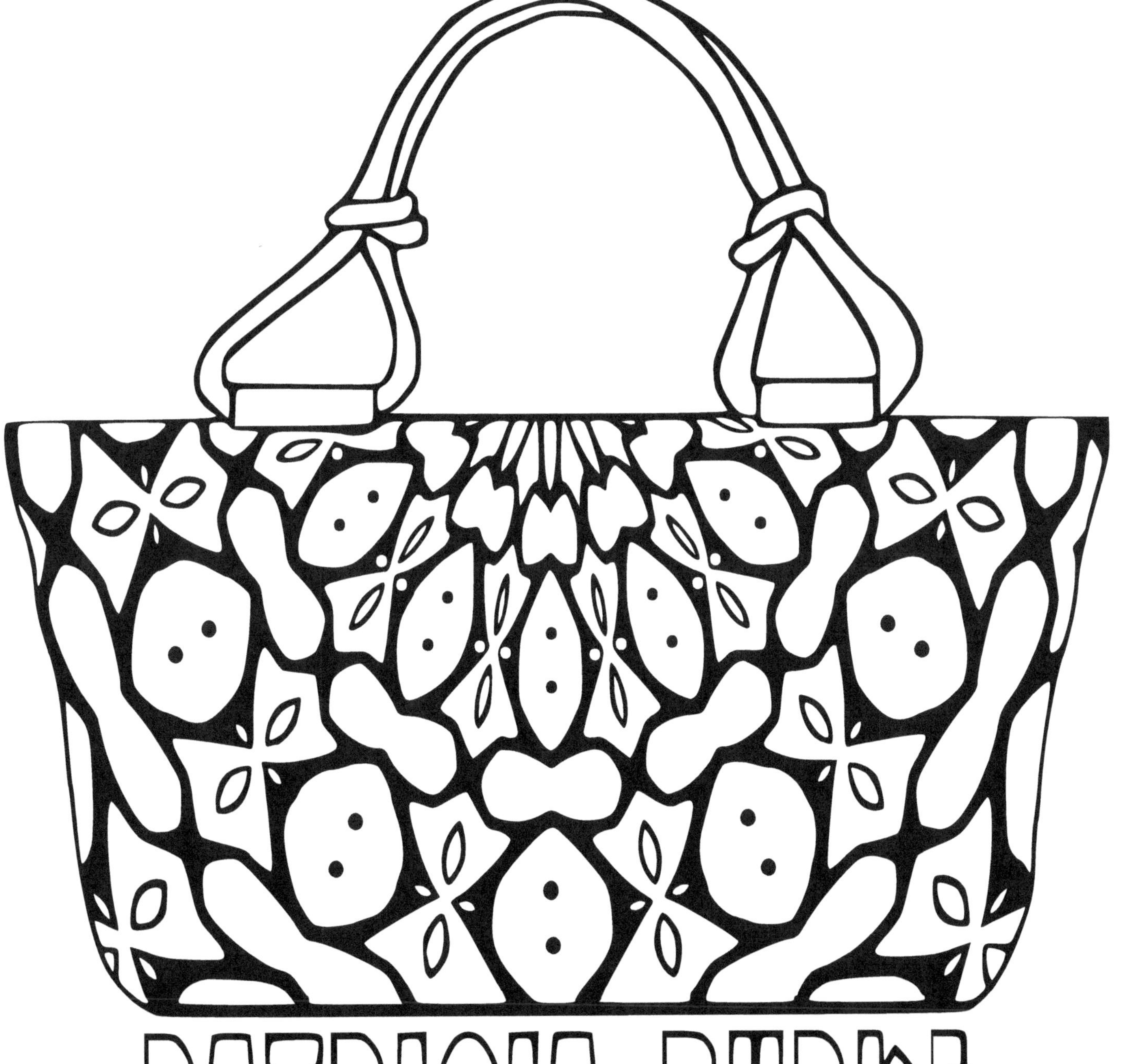

PATRICIA BURKE

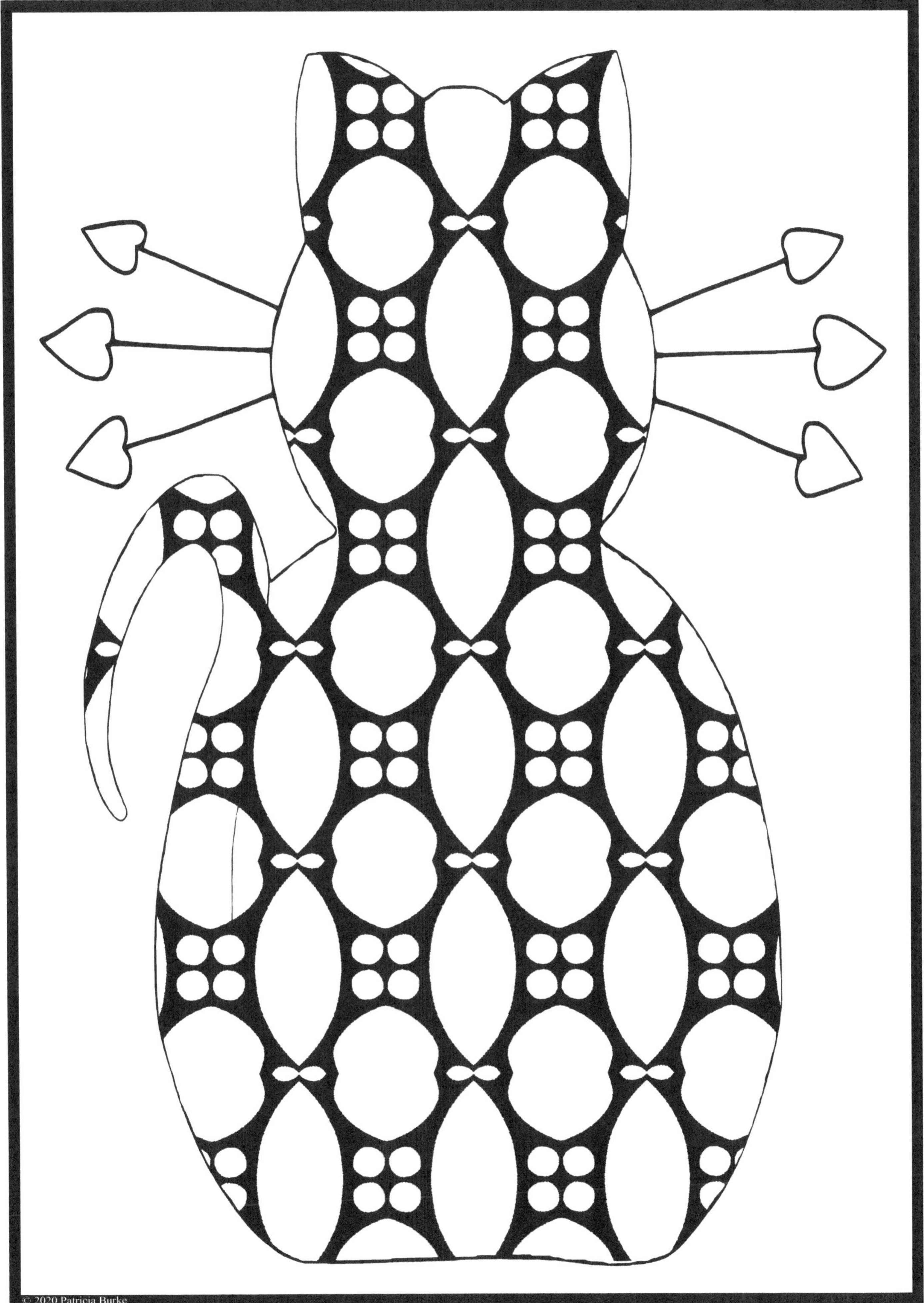

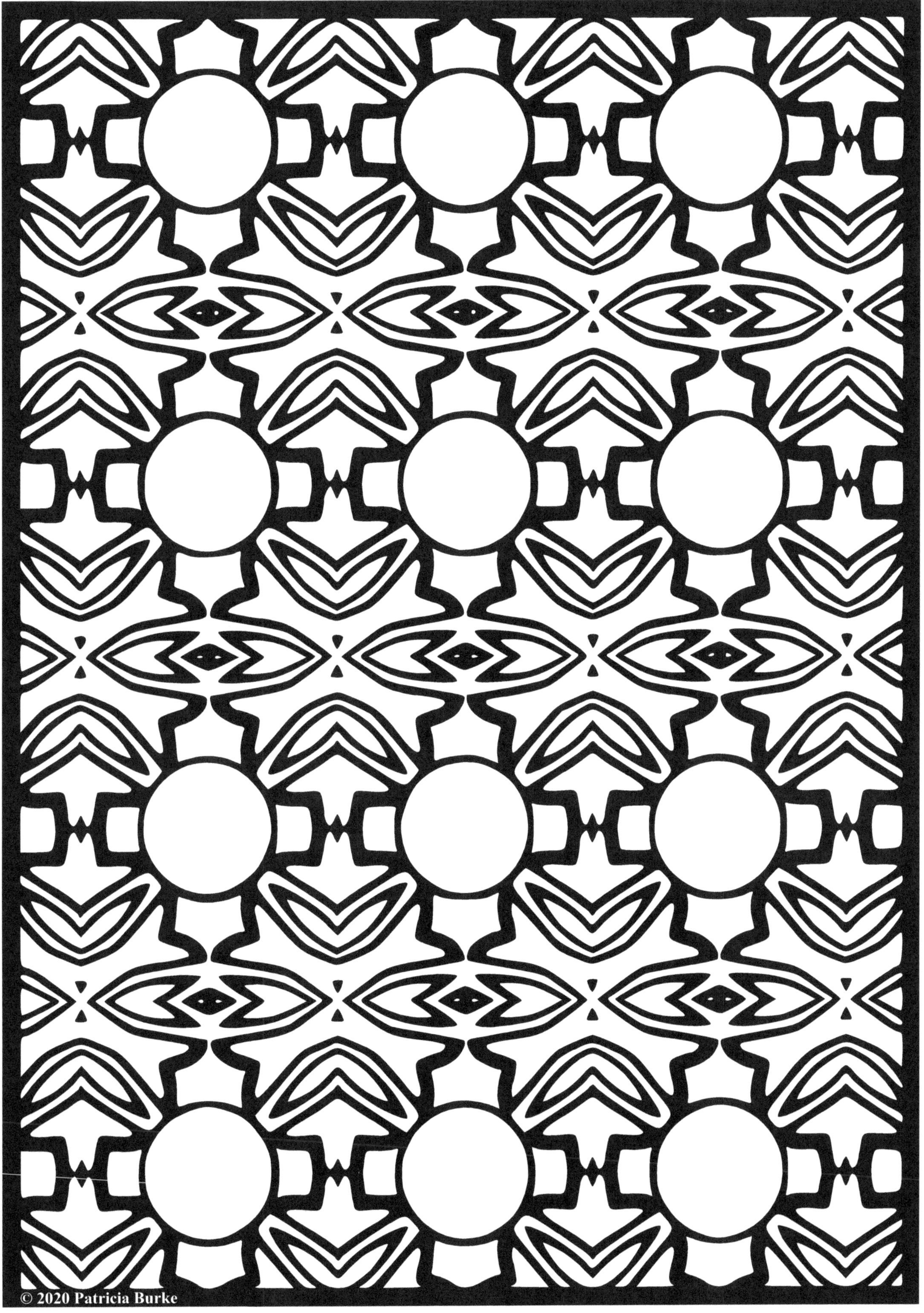

© 2020 Patricia Burke

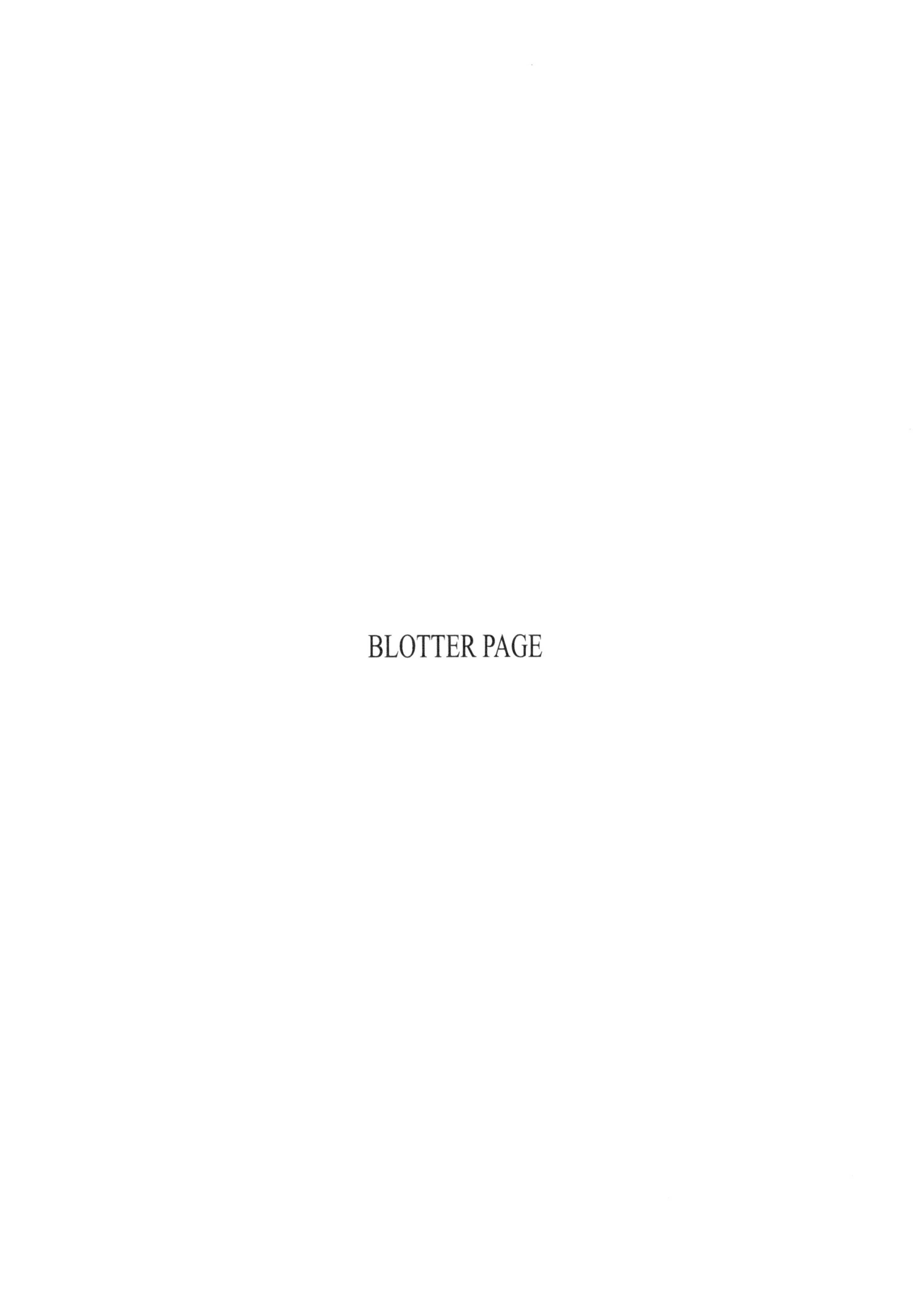

BLOTTER PAGE

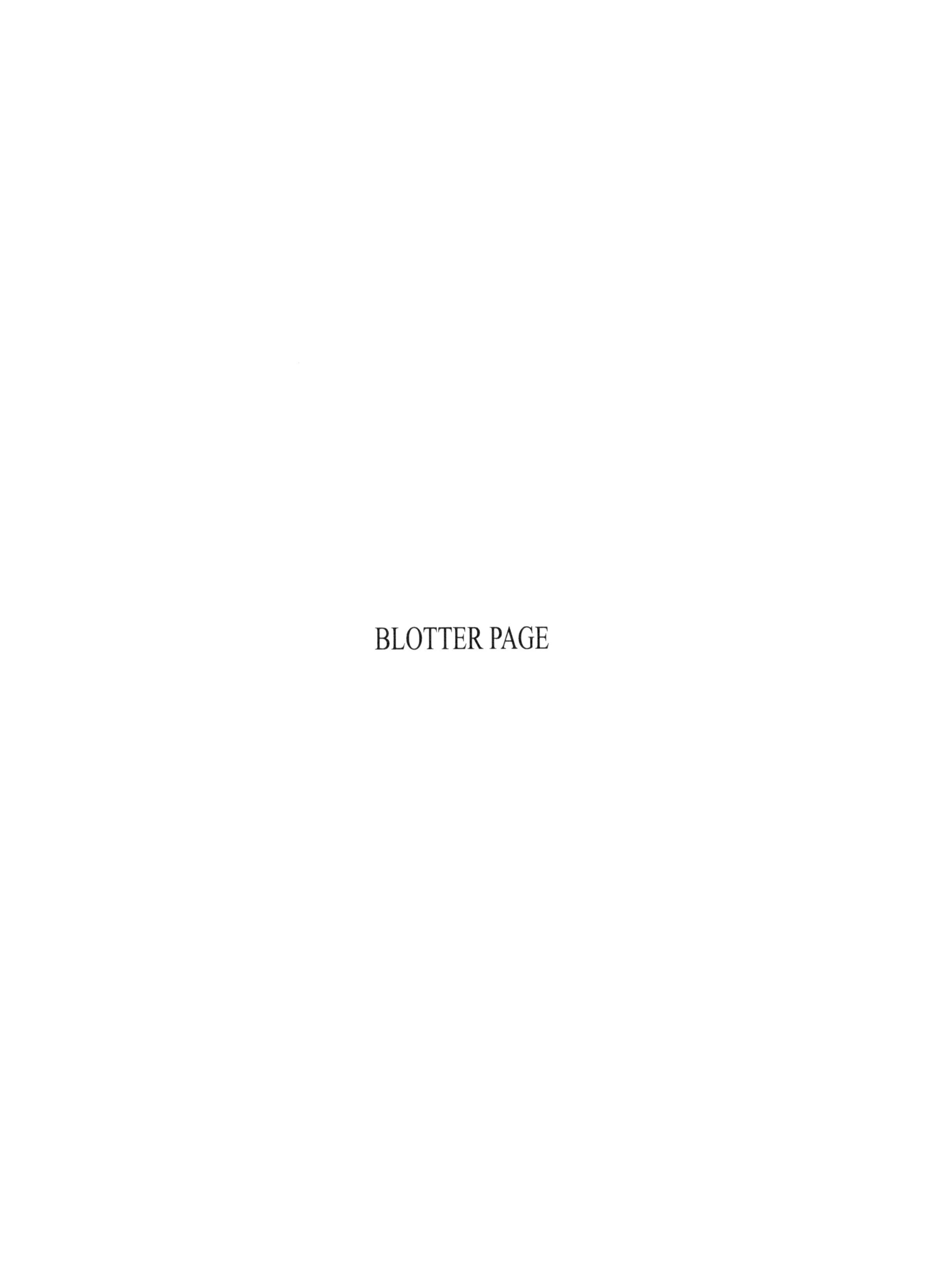

BLOTTER PAGE

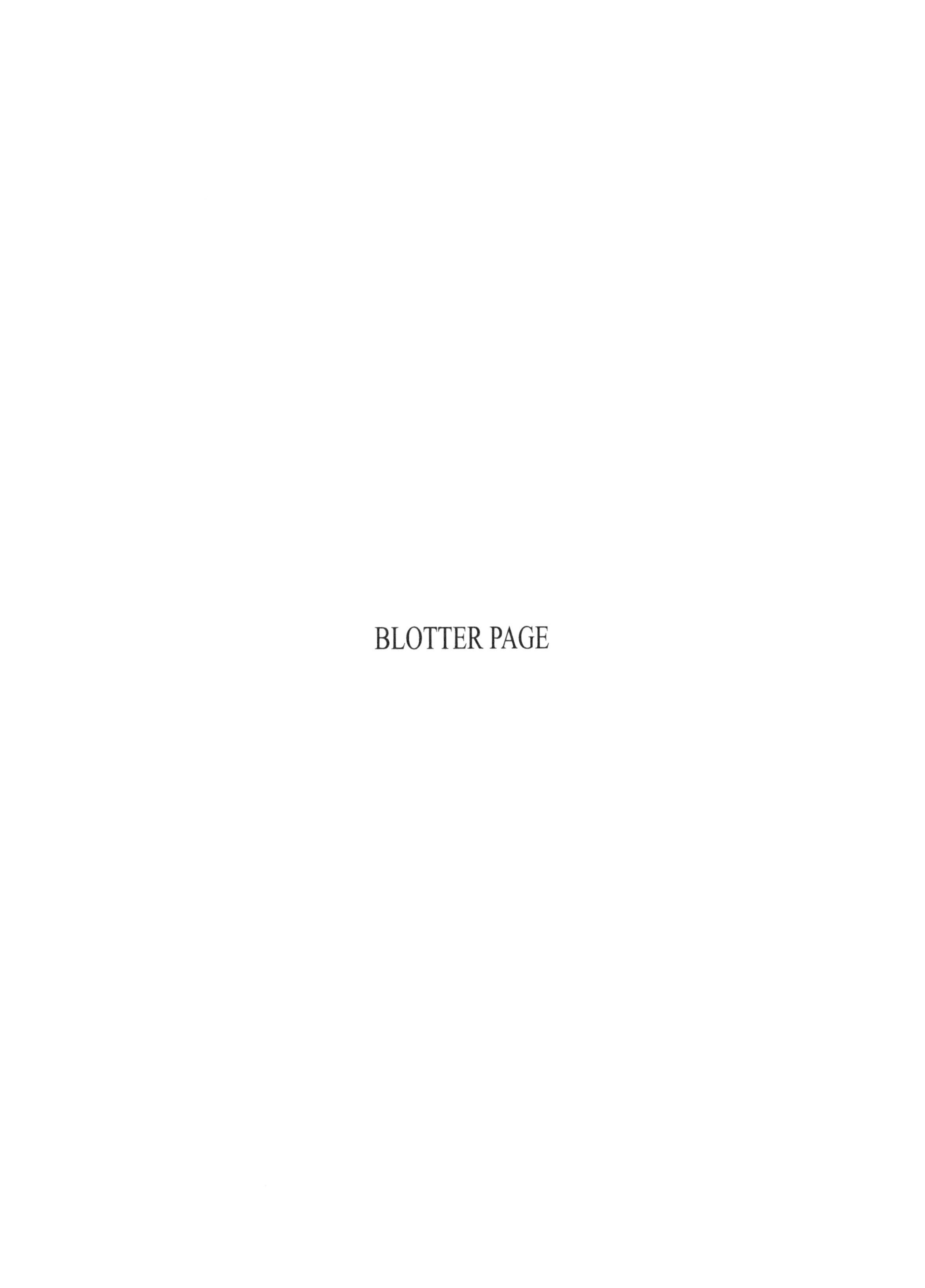

BLOTTER PAGE